O PRIMEIRO GOLPE DO BRASIL

RICARDO LESSA

O PRIMEIRO GOLPE DO BRASIL

COMO D. PEDRO I FECHOU A CONSTITUINTE, PROLONGOU O ESCRAVISMO E AGRAVOU A DESIGUALDADE ENTRE NÓS

máquina de livros

© **Ricardo Lessa,** 2024
Direção editorial: **Bruno Thys** e **Luiz André Alzer**
Capa, projeto gráfico e diagramação: **Renata Maneschy**
Revisão: **Camilla Mota**
Foto do autor: **Edu Simões**
Imagens da capa: *Vista do Paço Imperial no Rio de Janeiro*, de Jean-Baptiste Debret, e *Dom Pedro I*, autor desconhecido
Imagem da contracapa: *Desembarque de telhas*, de Jean-Baptiste Debret

---

Dados Internacionais de Catalogação na Publicação (CIP)
(eDOC BRASIL, Belo Horizonte/MG)

L638p
Lessa, Ricardo.
    O primeiro golpe do Brasil: como D. Pedro I fechou a Constituinte, prolongou o escravismo e agravou a desigualdade entre nós / Ricardo Lessa. – Rio de Janeiro, RJ: Máquina de Livros, 2024.
    176 p. : 14 x 21 cm

    Inclui bibliografia
    ISBN: 978-65-86339-19-2

    1. Escravidão – Brasil – História. I. Título.

CDD 981

Elaborado por Maurício Amormino Júnior – CRB6/2422

Grafia atualizada segundo o Acordo Ortográfico da Língua Portuguesa de 1990, em vigor no Brasil desde 2009

3ª edição, 2024

Todos os direitos reservados à **Editora Máquina de Livros LTDA**
Rua Francisco Serrador 90 / 902, Centro, Rio de Janeiro/RJ – CEP 20031-060
www.maquinadelivros.com.br
contato@maquinadelivros.com.br

Nenhuma parte desta obra pode ser reproduzida, em qualquer meio físico ou eletrônico, sem a autorização da editora

Para Ro, Jo e Luli.

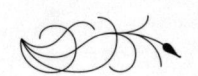

*"A Independência foi uma manobra
contrarrevolucionária encabeçada por Pedro I,
cuja intenção era imunizar o Brasil do contágio da onda
liberal que estava tomando conta de Portugal."*
EVALDO CABRAL DE MELLO
HISTORIADOR PERNAMBUCANO E
MEMBRO DA ACADEMIA BRASILEIRA DE LETRAS

*"Período nenhum da história do Brasil
tem sido tão desfigurado, tão desapiedadamente
caluniado como o da Constituinte de 1823."*
BARÃO HOMEM DE MELLO (1837-1918)
HISTORIADOR, ADVOGADO E POLÍTICO BRASILEIRO

*"Tudo já foi dito antes, mas, como ninguém escutou,
temos que voltar atrás e começar tudo de novo."*
ANDRÉ GIDE (1869-1951)
ESCRITOR FRANCÊS, PRÊMIO NOBEL DE 1947

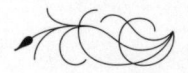

*Este livro foi escrito com a colaboração
da jornalista Ruth Joffily,
que realizou pesquisas na Biblioteca Nacional,
no Arquivo Nacional, no Arquivo Municipal
do Rio de Janeiro e no Arquivo Histórico do Exército,
além de ter feito traduções de textos do francês.*

ÍNDICE

Prefácio 12
Como enrolar um brasileirinho 15
Uma janela de frente para o golpe 20
Às vésperas 28
Bonifácio exilado, princesa isolada 34
Brasileiros versus portugueses 36
Nada plácidas 41
Constituição sim, mas só para os outros 52
Pedro podou a Constituição 59
Um rodamoinho na história 66
Angola e Brasil: carne e unha 71
Pedro, campeão de tráfico negreiro 77
Muitos nobres, pouca nobreza 81
Confraria do Frei Tomás 86
A corte mimada pelos escravistas 92
O reino da picaretagem 96
1831: abdicação ou expulsão? 102
O inglês só via o que queria 105
Última monarquia do hemisfério 111
Europa em polvorosa 120
O vírus republicano 125
O cancro do atraso 130
Lorotas da Independência 135
O mundo era mais cruel antes das Constituições 145
Fato ou fake do 1822 149
Linha do tempo 159
Bibliografia 166
Agradecimentos 175

PREFÁCIO

O país da República, inaugurada sem povo e pela força das baionetas, já veio embalado nas ambiguidades, contradições e negacionismos de toda sorte. E se descortinou também apoiado no falseamento da realidade, da verdade e da justeza dos princípios que a instaurava. Republicanos e escravagistas ou escravizadores.

E, se como aponta com precisão nosso autor, 1823 foi o ano que não deveria ter existido, os dias que se seguiram até a atualidade nos mantém reféns e vitimados por seus efeitos. 1823, 1888, 1889 e 1988 são os pontos de parada e de respiro da conflituosa, tensa e intensa luta permanente em busca de um lugar que o destino preservou ao nosso gigante pela própria natureza.

Sem povo, cidadãos e cidadania e com o espírito de senhor e escravo, não encontramos um porto seguro onde a igualdade, a liberdade, a fraternidade e a dignidade da pessoa humana pudessem repousar e se tornar algo definitivo e concreto. Sem isso, negros e brancos continuam separados e desiguais; sem isso, adiamos por tempo indeterminado a possibilidade de realizar nosso desígnio manifesto de uma nação de gigantes irmanados e cozidos no fogo quente, que forja a massa bruta, e nas mãos sábias, visionárias e habilidosas que moldam as grandes, perenes e vitoriosas nações.

O primeiro golpe do Brasil é uma leitura obrigatória das entranhas da nossa história e um filme e uma fotografia perfeitos da realidade de ontem, seus efeitos de hoje e as possibilidades da mudança e transformação do amanhã.

José Vicente
Reitor da Universidade Zumbi dos Palmares

COMO ENROLAR UM BRASILEIRINHO

No Colégio Estadual Gilberto Amado, Rio de Janeiro, onde cursei o antigo ginásio nos anos 60, a diretora era rigorosa. Todos os dias, às 7h30, os alunos, em forma no pátio, cantavam o hino nacional. Com camisas cáqui e calças curtas azul-marinho, retumbávamos o grito do Ipiranga em uníssono diante da bandeira do Brasil.

Pontualmente, eu comparecia à escola de tijolinhos vermelhos e janelas de madeira, em frente ao Clube do Flamengo, ao lado da Favela da Praia do Pinto, entre Lagoa e Leblon. Recebia um ensino caprichado, com bons professores que raramente faltavam. De lá, víamos a parede de árvores dos morros da Floresta da Tijuca, às vezes encobertos por chumaços de nuvens.

Das janelas da escola, pudemos enxergar a fumaça dos primeiros focos de incêndio que antecederam a remoção dos moradores da favela, em 1969. Uma aula de violência contra a pobreza. No local, foi construído um conjunto de prédios, batizado de Selva de Pedra.

No 7 de setembro, lá ia eu ver meu pai desfilar todo garboso, com o uniforme branco da Marinha, na Avenida

Presidente Vargas. Próximo dali, em frente à Assembleia Legislativa, uma grande estátua homenageia Tiradentes, lugar onde teria sido enforcado e esquartejado, como mártir da republicana Inconfidência Mineira. Em área vizinha, na praça que tem o nome de Tiradentes, está a estátua de Pedro I, de cavalo, espada e tudo.

Um roteiro confuso da história do Brasil, que celebra personagens, lugares e datas: em 2008, o Rio festejou o bicentenário da chegada da corte portuguesa. Ruas e praças se enfeitaram. Até D. Carlota, que sabidamente detestava o Brasil, virou nome de viaduto. Em 21 de abril, comemora-se o feriado de Tiradentes. O historiador inglês Kenneth Maxwell, maior estudioso da figura do mártir mineiro, estranhou: "Como os brasileiros podem homenagear a aristocracia monarquista e o rebelde republicano que a família real mandou matar com requintes de crueldade, esquartejar e espalhar pedaços de seu corpo pelo país?".

Afinal, somos republicanos ou monarquistas? Pela Constituição, somos republicanos, embora os palácios de Brasília às vezes abriguem governantes com hábitos imperiais. Continuamos louvando ícones da aristocracia monarquista, escravista e tantas vezes perversa.

Muita aflição me causa essa misturada de reis, rainhas, rebeldes e escravizados na origem do Brasil e de seus problemas. Por que tão rico e com um povo tão pobre?

Fui buscar respostas como repórter em viagens pelo país. Entrevistei um sem-número de pessoas de todos os tipos, gêneros, classes e origens. Analfabetos sábios e literatos rebuscados. Sempre com muitas questões martelando minha cabeça.

Apelei a Lima Barreto, Eça de Queiroz e Machado de Assis; Caio Prado e Nelson Werneck Sodré; Sérgio Buarque de Holanda e Raymundo Faoro; José Honório Rodrigues e Manolo Florentino. Até quase secar o cérebro e perder o juízo, como contam sobre o desatino de D. Quixote.

Estanquei no ano de 1823. Parecia um período ofuscado pelos holofotes de 1822. Foi em 1823 que fecharam a primeira Assembleia Constituinte brasileira; foi o ano em que ocorreu o primeiro golpe militar do país, liderado por um jovem português recém-coroado, ainda não reconhecido por qualquer país do mundo.

Pedro mandou cercar e prender deputados que foram ao Rio representar seus estados. Fortaleceu seu poder e dos portugueses que o cercavam e estreitou os laços com comerciantes de escravizados no Brasil. Expulsou do país José Bonifácio de Andrada e Silva, o primeiro banido da nação. Perseguiu a imprensa. Isso faz lembrar mais uma ditadura. "Se José Bonifácio tivesse ganhado de Pedro, o Brasil teria sido outro", comenta o professor e ex-ministro Delfim Netto, a quem se pode acusar de muitas coisas, menos de não conhecer livros.

Embora visto como prepotente e antipático, Bonifácio tinha um projeto de Brasil: defendia a abolição do tráfico negreiro e a libertação e a integração à sociedade dos escravizados, assim como dos indígenas. Ele pregava que se estimulasse a mestiçagem e propunha uma reforma agrária. Se ainda hoje essas ideias enfurecem parte das elites nacionais, imagine há 200 anos, questiona a historiadora Isabel Lustosa.

Quem ganhou essa briga foi o atraso: uma burocracia

pesada e grudenta, uma nobreza inútil, apoiada economicamente pelos poderosos traficantes negreiros: 1823 foi o ano em que perdemos a chance de ser um país melhor.

Nas décadas de 1800, 1810 e 1820, definia-se no mundo inteiro a luta do século entre os que queriam a manutenção das regalias da aristocracia e os republicanos e constitucionalistas. O embate era contra os privilégios e em defesa de leis acima dos cidadãos, inclusive, dos reis, por formas mais democráticas de poder, como as que acabariam se estabelecendo em muitos países.

Mas nós, brasileiros, continuamos balançando bandeirinhas para a retrógrada aristocracia monarquista. Não é por acaso que os mais ardorosos devotos do primeiro Pedro sejam também os governantes mais autoritários do país. Foi Emílio Garrastazu Médici, presidente do mais violento período da ditadura militar (de 1969 a 1974), quem mandou trasladar a ossada do Bragança para o Brasil. E foi Jair Bolsonaro quem sugeriu trazer de Portugal o coração do cadáver do proclamador.

Pedro pertencia à "nobreza tipicamente portuguesa: ignorante, iletrada, dada às touradas, amante do fado, dissoluta, turbulenta", como diz o escritor americano Neill Macaulay. Preferia sempre a companhia do povo das cocheiras à dos sábios, acrescenta Isabel Lustosa. Ele teve seguidores em anos mais recentes. Nós, brasileiros, caímos num golpe comum dos parques infantis, mas eficiente: atraem nossa atenção para a borboleta da propaganda oficial, enquanto batem nossa carteira da memória, apontando para um garboso príncipe de espada em riste, que nos liberta da malvada colonizadora Portugal.

Mas não nos é contado que o feitiço se desfez às 14h do dia 12 de novembro de 1823. O jovem, que se cobriu com o manto de imperador, perseguiu antigos aliados e inspiradores, cerceou a imprensa, cercou-se de conterrâneos portugueses despreparados e corruptos, alimentou-se do escravismo e promoveu os escravistas. Além de dezenas de filhos bastardos e de Pedro, de 5 anos incompletos, o imperador deixou o Brasil em 1831 e também uma herança visguenta que ainda amarra o país.

Neste livro, me junto aos que questionam a mitificação inaugural do cavaleiro libertador. Procuro mostrar que a cadeia de fatos desencadeada em 1823 reforçou o escravismo, a desigualdade e o elitismo no Brasil.

UMA JANELA DE FRENTE PARA O GOLPE

Às 14h do dia 12 de novembro de 1823, cerca de 400 militares, a maioria sob comando de oficiais portugueses, com armas engatilhadas, pavios dos canhões acesos, cercaram o prédio da Cadeia Velha (local da atual Assembleia Legislativa), no Centro do Rio de Janeiro, onde estava reunida a primeira Assembleia Constituinte do país.

A cena é descrita pelo major Georg Anton von Schaffer, militar austríaco designado para acompanhar a princesa Maria Leopoldina, a quem ele dedica seu livro *Brasil como império independente*, escrito em 1824.

O recém-coroado rei, Pedro de Bragança, então com 25 anos, podia acompanhar tudo da sua janela no Paço Imperial, a poucos metros dali. Além do movimento das tropas, avistava a Baía de Guanabara, pontilhada de mastros e velas de navios.

Num dia normal, a estreita faixa de terra batida entre o Paço e o porto estaria movimentada pela carga e descarga de mercadorias levadas nas costas por gente de cor preta. O mau cheiro exalado do mar e das ruas ofendia narizes mais sensíveis: a capital do reino não tinha sistema de esgoto.

No interior do prédio da Cadeia Velha, adaptado para receber os representantes das províncias na Constituinte, estavam reunidos deputados enviados pelas regiões mais populosas do país. Naquela que seria a última sessão da Assembleia Constituinte, iniciada na véspera, 64 deputados registraram presença, mas, no dia seguinte, nem todos aguentaram ficar até o fim.

Eles permaneceram ali por 17 horas, sem dormir. Já temiam o movimento dos militares, insuflados pelos portugueses, e desconfiavam de suas intenções. Durante a noite, trocaram nervosas mensagens com o jovem imperador Pedro e emissários da corte. Pediam explicações sobre o que motivara a agitação e a aproximação das tropas. Foi a primeira Noite da Agonia da história do nascente país, pouco mais de um ano depois do 7 de setembro.

Às 11h do dia 12, o ministro do Império, Vilela Barbosa, emissário de Pedro, já havia falado sobre a insatisfação da tropa com os debates na Assembleia e com a liberdade de imprensa. Referiu-se também à situação de Portugal, em que o absolutismo voltara com João, pai de Pedro. Mais uma ameaça velada aos constituintes.

Os deputados bombardearam o enviado com perguntas, e ele se retirou; alegou que não estava ali para debates. Propunha que a própria Assembleia se dissolvesse. O representante do Ceará, José de Alencar (pai do escritor), sugeriu que a sessão ficasse suspensa enquanto as tropas estivessem nas ruas. "Dissolver, nunca", reagiu um grupo de deputados.

Como raiava o dia e os constituintes não aceitavam abandonar o lugar, cercado pelos militares, o comandante da guarda de honra do imperador, general José Manoel de Morais, entregou pouco depois do meio-dia a ordem de fechamento da Assembleia.

O documento fora rubricado por Pedro, pelos ministros da Justiça, Clemente França, e da Guerra, José de Oliveira Barbosa, que comandava as tropas. Este último era um militar brasileiro octogenário, conhecido serviçal dos portugueses, que ocupou o cargo de ministro só por quatro dias, aparentemente com o único objetivo de fechar a Assembleia, já que outros se recusaram a cumprir o vexaminoso papel. Nomeado em 10 de novembro, foi afastado dois dias após o golpe.

Depois da ordem de fechamento da Assembleia, uma fileira de soldados escoltou os representantes das províncias para fora do prédio. Cinco deputados foram presos, embarcados num escaler e levados à Ilha das Cobras, sede do Arsenal de Marinha: Antônio Carlos de Andrada e Silva, Martim Francisco de Andrada e Silva – ambos irmãos de José Bonifácio –, o padre Belchior Fernandes Pinheiro, José Joaquim da Rocha e Francisco Gê Acayaba de Montezuma.

Eles formavam o núcleo que propunha limites à ação do monarca a partir de uma lei, a Constituição, que deveria ser obedecida por todos, inclusive os nobres. Alimentavam também os textos do jornal *O Tamoyo*, que atacava os portugueses, nobres ou não, do séquito de Pedro. Num gesto de ironia, Antônio Carlos, o mais falante do grupo, diante de um canhão apontado para a porta da Assembleia, tirou o chapéu e o saudou: "Respeito muito o seu poder".

Outro destacamento de militares foi buscar José Bonifácio de Andrada e Silva em sua casa, na Rua do Catete. Com a ordem para prendê-lo, Pedro afastava-se radicalmente do principal articulador da Independência do Brasil e daquele que, na prática, foi seu mentor e maior conselheiro nos primeiros momentos da formação do país.

Principal ministro nos meses que se seguiram ao 7 de setembro de 1822, Bonifácio era também um homem odiado por muita gente. Enquanto esteve no poder, liderou perseguições pessoais e ideológicas. Defensor da monarquia constitucional, mandou prender republicanos que considerava exaltados e criticava os escravistas, que julgava atrasados.

Ele não estava entre a primeira leva de presos na Assembleia Constituinte: pedira licença aos colegas porque, aos 60 anos, não suportaria passar a noite em claro. Muitos anos depois, seria reconhecido e homenageado como o "Patriarca da Independência", mas, no momento do golpe de Pedro, foi o primeiro político banido do território brasileiro. Naquele dia 12 de novembro de 1823, acabou preso com irmãos e apoiadores.

Na ordem de prisão e banimento, o jovem imperador não escondia o ódio por Bonifácio e aliados: "Que logo depois da saída destes ex-deputados se mande abrir uma devassa, servindo de corpo de delito alguns números (dos jornais) *O Tamoyo* e *Sentinela da Liberdade à Beira Mar da Praia Grande*, para indagar que parte tiveram nas últimas perturbações".

Os deputados foram espalhados por masmorras na Baía de Guanabara, entre elas a Fortaleza de Laje, com prisões úmidas e escuras, batidas constantemente pelas ondas do mar. Terminava assim o "primeiro esforço malogrado de um corpo legislativo em terras do Brasil", na expressão do historiador Octávio Tarquínio de Sousa.

Outros 13 constituintes – quatro paulistas, três pernambucanos, três paraibanos, um cearense, um baiano e um mineiro –, considerados menos rebeldes, foram presos e logo soltos. Os que se livraram da detenção eram partidários do golpe antes que ele acontecesse. Preferiam continuar servindo e se beneficiando da corte importada de Portugal e adaptada aos trópicos.

O presidente da Assembleia no momento do golpe, João Severiano Maciel da Costa, agraciado depois com o título de Marquês de Queluz, era filho e neto de servidores da família Bragança. Não escondia o alívio nos últimos minutos de existência da Constituinte. Do alto de sua cadeira, comentou: "O que me dá grande satisfação no meio de tudo é ver a tranquilidade da Assembleia". Quatro dias depois, sentava-se numa cadeira de ministro dos patrocinadores do golpe.

Mineiro, com mais de 30 anos de serviços prestados à Coroa portuguesa, ele tentou até voltar a Portugal, antes que a Constituinte fosse convocada. Implorou em partir com o rei, D. João VI, "para fugir", como ele mesmo disse em sua representação à nação portuguesa, "de um teatro de acontecimentos que, eu previra, seria ensanguentado". Mas foi barrado pelos constitucionalistas que dominavam Portugal naqueles meses tumultuados.

"Desfecho tão violento não podia deixar de trazer, como trouxe, grande abalo e estremecimento em nossa ainda tão recente e incompleta organização social (...) Espalharam-se suspeitas da constitucionalidade do imperador (...) Receava-se que as províncias tentassem separar-se do Rio de Janeiro", registrava em suas memórias um insuspeito deputado monarquista, o Visconde de São Leopoldo, José Feliciano Pinheiro.

"O criminoso atentado contra a Assembleia valia por uma tentativa de retorno ao absolutismo, importava um desafio à nação", registrou o deputado e depois ministro Augusto Tavares de Lyra, em seu livro *O Conselho de Estado*.

Os contemporâneos do fechamento da Assembleia não deixaram dúvidas quanto à violência do ato realizado sob o comando de Pedro e de seu caráter arbitrário. Os fatos ocorridos em 12 de novembro de 1823 foram "funestíssimos", nas palavras de Bernardo Pereira de Vasconcellos, outro monarquista.

"Os acontecimentos desse dia podem dificilmente ser considerados de outro modo que não seja o abandono da Independência. Há mais nativos de Portugal no Rio de Janeiro que brasileiros, e é possível que o Rei seja convidado a voltar", diria Condy Raguet, representante do governo dos Estados Unidos no Brasil.

O republicano Frei Caneca, em seu jornal *O Typhis Pernambucano*, escolheria versos de Camões para começar sua publicação: "Uma nuvem que os ares escurece, sobre nossas cabeças aparece". Em seu jornal, condenava o que aconteceu no Rio de Janeiro no 12 de novembro e advertia para o perigo da volta do absolutismo imperial que combateria até a morte, por fuzilamento, em 1825.

Ele apoiou o movimento de Independência de 1822, mas voltou atrás em 1823. Enxergou claramente o retorno do absolutismo nos atos de Pedro: "Sua majestade pode dar títulos de barões (...), mas dar ciência a um tolo, valor a um covarde, amor da pátria a um traidor, sua majestade não pode".

A caminho do desterro, José Bonifácio teria comentado com o general José Manoel de Morais, que comandava sua guarda: "Diga ao imperador que estou com o coração magoado de dor, não por mim (...), é por seus filhos inocentes (*brasileiros*) que choro. Que trate de salvar a coroa para eles, porque para si está perdida desde hoje (...) porque se o castigo da divindade é tardio, esse castigo nunca falta".

O gesto de Pedro foi aplaudido por seus áulicos, a começar pelo sogro, o imperador da Áustria e um dos líderes da Santa Aliança, união dos aristocratas absolutistas que buscavam reaver o poder depois de defenestrados pelas tropas de Napoleão. "Louvou a conduta enérgica" do genro ao fechar a Constituinte, segundo relato do embaixador brasileiro, que lhe informara dos fatos.

A maior satisfação pelo fechamento veio, entretanto, do famigerado Chalaça, o português Francisco Gomes da Silva, companheiro de farras do jovem Pedro e seu assistente para assuntos diversos, principalmente os escusos. Ele elogiou o presidente da Assembleia, que propôs sua dissolução: "Ilustre presidente (...) com prudência vigilância e amestrada (...) impediu que houvesse cenas trágicas e horrorosas".

O próprio imperador, em longa e melosa declaração ao povo brasileiro, reconhecia a gravidade de sua decisão: "Me obrigaram a pôr em prática um remédio tão violento que é de se esperar e crer que nunca mais será necessário". E acrescentou: "Sou empenhado em promover a felicidade e a tranquilidade nacional. Sossegarão da comoção causada por este acontecimento desastroso, que tanto me penalizou".

Não parece ter-lhe penalizado tanto. Embora se intitulasse "liberal sincero", o jovem Pedro revelou-se um absolutista de berço, que não tolerava críticas ou oposição. Todas ou quase todas as crises dos primeiros nove anos do país que buscava sua independência estariam vinculadas a essa contradição, como diz o historiador Octávio Tarquínio de Sousa.

Aos admiradores do absolutismo, o argumento para fechar a Assembleia estava pronto: aquele que tinha poderes para convocá-la tinha também o poder de fechá-la. No tempo do absolutismo, em que o rei descende de Deus, está acima das leis, do bem e do mal, é dele que emana o poder, a lei e a decisão. Portanto, para os seguidores de Pedro, sua atitude era natural.

O fechamento da Constituinte pelos militares, em 12 de novembro de 1823, marcou o fim violento do primeiro ato de um conflito que se desenvolvia entre as diferentes forças políticas e econômicas em disputa pelo controle do que viria a ser o Brasil. Pedro e o grupo militar português colocaram em prática a fórmula consagrada por Napoleão Bonaparte em 1799, quando fechou o Diretório: o golpe de Estado.

ÀS VÉSPERAS

Um incidente serviria de estopim para disparar o golpe militar. O jornal *Sentinela da Liberdade à Beira Mar da Praia Grande*, um dos muitos que circulavam na época, publicara uma carta, em sua edição de 10 de setembro, assinada por um certo Brasileiro Resoluto, pseudônimo do jornalista republicano Francisco Antônio Soares. Ele pedia ao imperador o afastamento dos portugueses que comandavam a maioria das unidades do Exército e que ocupavam postos importantes no palácio.

Soares, em sua carta, acusava especialmente "quatro oficiais que depois de nos terem bebido o sangue nos últimos dias, quando já não podiam se sustentar na Bahia (...) se acham, hoje, ensopados do nosso sangue, servindo nos batalhões da cidade".

De fato, cerca de 1.500 homens das tropas lusitanas derrotadas na Bahia e em Pernambuco – para onde foram deslocadas para sufocar revoltas contra o domínio da corte do Rio de Janeiro – abrigaram-se na capital e foram acolhidos por Pedro. Nascido em Lisboa, o monarca não faltou a seus patrícios: mandou o ministro da guerra incorporar os militares portugueses derrotados na Bahia. Ficava claro que os motivos do monarca eram mais submeter outras cidades à sua corte no Rio de Janeiro do que combater os patrícios lusitanos.

Além do *Sentinela da Liberdade* (o jornal mudava o restante do nome conforme o local onde era editado), *O Tamoyo* criticava a medida de incorporação dos portugueses às Forças Armadas: "Mandam-se convidar inimigos nossos, prisioneiros de guerra, ainda gotejando o sangue brasileiro, para entrar em nossas fileiras (...) O comando dos Corpos Militares é todo de portugueses (...) Assoalha-se a ideia de que vai se aclamar S.M. absoluto". Ou seja, aclamar o absolutismo de Pedro. Temiam, com razão, o que de fato viria a acontecer.

Um grupo mais exaltado de militares lusos não gostou do que leu no *Sentinela*, publicado em setembro. Naqueles tempos, os impressos circulavam de mão em mão, alimentando comentários e exaltando ânimos. No dia 5 de novembro, às 19h30, o major de artilharia montada José Joaquim Januário Lapa e o capitão Zeferino Pimentel Moreira Freire, ambos portugueses, espancaram o boticário David Pamplona Corte Real, na saída de sua loja, perto do chafariz do Largo da Carioca. Achavam que era ele o Brasileiro Resoluto, autor do artigo que atacava o acobertamento de militares portugueses pelo imperador.

No dia seguinte, Pamplona, que nem brasileiro de nascimento era, mas simpatizante dos antimonarquistas, pediu em carta que a Assembleia se pronunciasse sobre a agressão e a considerasse crime político. Discutia-se naquela sessão o projeto sobre a naturalização dos portugueses e a aceitação ou não de soldados e oficiais portugueses no Exército. O tema, que já era polêmico, ganhou tons incandescentes à vista do pedido de justiça contra os oficiais lusos.

Imediatamente, as opiniões na Assembleia se dividiram entre apoiadores de brasileiros e portugueses, com alguns poucos indefinidos que pediam moderação. Populares enchiam as galerias. Martim Francisco, irmão de José Bonifácio, gritava na Assembleia contra os portugueses: "Infames! Assim que agradecem o ar que respiram (...) Ainda suportamos em nosso seio semelhantes feras".

As discussões seguiam acaloradas, com o público presente. No dia 10 de novembro, tanta gente queria entrar no recinto que se abriu uma exceção para que as pessoas ocupassem os espaços atrás das cadeiras dos constituintes, sob protestos dos mais aristocráticos defensores da monarquia. Antônio Carlos, irmão mais moço de José Bonifácio, ironizava os colegas que pediam para esvaziar o plenário: "O que admira é haver tanto medo do povo e tão pouco da tropa". Depois de discursos exaltados pedindo justiça para o boticário espancado e de manifestações dos cerca de mil populares presentes, o presidente da Assembleia, aliado fiel da monarquia, suspendeu a sessão.

No dia seguinte, 11 de novembro, por causa do clima radicalizado e do temor pelos perigos que se avizinhavam, 11 constituintes deixaram de comparecer à Assembleia. A presença caiu de 75 deputados para 64. O Rio de Janeiro estava inquieto. Secretamente, militares portugueses, com medo de serem deportados, se reuniam com Pedro na Quinta da Boa Vista. Os comerciantes mais poderosos, submissos à monarquia, se juntavam a eles nos clamores por intervenção armada para acabar com as discussões da Constituinte.

A véspera do golpe seria tensa. As tropas já percorriam a cidade deixando a população e os deputados inseguros. Uma última delegação foi enviada à residência do monarca no Palácio da Quinta da Boa Vista, para sondar suas intenções. A resposta, entregue aos deputados da delegação, avisava que a tropa aquartelada em São Cristóvão, nas proximidades do palácio, havia se queixado de insultos sofridos e cobrava providências da Assembleia.

Na verdade, o príncipe regente queria a cabeça dos Andrada, que estariam, na opinião dele, por trás dos insultos veiculados pelos jornais *O Tamoyo* e *Sentinela da Liberdade*, identificados com os antilusitanos. Para o imperador, os Andrada e aliados eram incendiários e provocaram o motim na Constituinte. Em linguagem dissimulada, Pedro pedia que a Assembleia resolvesse a crise.

Às 3h45 da madrugada, já no dia 12 de novembro, os deputados discutiam a mensagem que pretendiam mandar a Pedro no Palácio da Quinta da Boa Vista. Os poucos que mantinham a cabeça fria defendiam apenas tranquilidade para continuar o trabalho legislativo e a retirada das tropas. Os mais conciliadores pleiteavam que se fizesse concessões ao monarca. Não houve acordo. Parte dos políticos exigiu que o ministro do Império fosse até a Assembleia explicar o que Pedro queria dizer exatamente com o pedido para os constituintes resolverem a crise.

Na mesma madrugada, no Palácio da Quinta da Boa Vista, um grupo poderoso se reunia em torno de Pedro. Testemunha ocular, o enviado da Coroa austríaca e protetor da imperatriz Leopoldina, Barão Wenzel von Mareschal, descreveu o clima de tensão em carta a seu chefe Metternich, príncipe regente do império Austro-Húngaro: "Creio que, neste momento de crise, é meu dever ficar perto da Arquiduquesa *(Imperatriz Leopoldina)*. Quando cheguei ao palácio, os novos ministros estavam em conselho, muitos oficiais, a maior parte portugueses, pareciam estar à espera de *(decisões sobre)* questões cheias de importância, *(vindas de)* alguns indivíduos do entourage de sua alteza, que tem desgraçadamente muita influência sobre ele *(Pedro)* e sobre as decisões mais graves que iriam tomar".

E prosseguiu: "A noite foi muito tumultuosa. Parece que os dois lados *(brasileiros e portugueses)* estão inclinados à violência e depois me convenci de que foi o partido português que podia e queria a todo preço fazer com que o príncipe defendesse seus interesses *(dos portugueses)*, que estão longe de serem os seus *(de Pedro)*".

O tal *entourage* português já havia decidido pôr fim ao trabalho constitucional da Assembleia, num golpe de força. E pressionava o jovem monarca a usar sua autoridade, o que conseguiu. Isso definiria os rumos do país nos anos seguintes. Portugueses no comando, aumento do tráfico negreiro e mais censura à imprensa.

Naqueles anos, o Rio detinha a nada honrosa posição de maior porto negreiro do mundo. Uma cidade de casas com, no máximo, dois pavimentos e pouca iluminação, 165 mil habitantes, sendo 45% de escravizados. Cerca de 80 mil pessoas viviam no que hoje corresponde ao Centro e à Zona Portuária. Apertadas entre os morros do Castelo (demolido no início do século passado), de São Bento e de

Santo Antônio, cercados de charcos e mangues. Alguns tentáculos com chácaras mais bem arejadas se esticavam até a Glória, Laranjeiras e Botafogo. Outros, para a região atual da Lapa, conhecida na época como Pântano de Pedro Dias.

No interior do Rio de Janeiro, eram contabilizados 150.549 escravizados. No Norte Fluminense e no Sul, distribuídos pelo Vale do Paraíba, havia perto de 700 engenhos movidos a braços de negros escravos. A produção era escoada pelo Porto do Rio, então o maior da costa do que viria a ser o Brasil. Entre 1822 e 1823, desembarcaram cerca de 55 mil africanos aprisionados e escravizados, pelos portos do Rio e vizinhos da região Sudeste.

Os portugueses ou brasileiros com laços fortes com Portugal e com o tráfico negreiro passaram a pressionar o inexperiente rei e seu grupo mais próximo.

BONIFÁCIO EXILADO, PRINCESA ISOLADA

A essa altura, em pleno novembro de 1823, o romance do jovem Pedro com a amante que trouxera de São Paulo estava em brasa. O recém-coroado monarca assinava cartas para Domitila de Castro como Fogo Foguinho. Leopoldina, então com 26 anos e três partos, já se queixava de solidão em cartas para a irmã.

Com o afastamento de José Bonifácio, a Arquiduquesa Habsburgo ficara mais isolada no Palácio da Quinta da Boa Vista, sem o parceiro de idioma e de ideias. Em torno dela restava o zeloso Barão de Mareschal e alguns militares que a acompanharam na vinda da Europa. Com o fechamento da Assembleia, Pedro se viu livre para exercer o poder como bem entendesse, sem legislativo ou judiciário que a ele se opusesse.

No dia 13 de novembro, mandou suspender até segunda ordem a saída do porto de todos os correios para as províncias, "por assim convir ao bem do Estado". Queria evitar ou protelar que a notícia do golpe se espalhasse pelo país. À época, a via marítima proporcionava o contato mais rápido entre o Rio de Janeiro e as demais cidades.

Assim, entre os dias 13 e 19 não saíram navios do porto do Rio de Janeiro. No dia 20, partiu a charrua (mais usada para transporte de carga) Lucônia, levando cinco presos, entre eles José Bonifácio, e mais 12 passageiros, rumo ao porto de Le Havre, na França, aonde não chegaria. A viagem não seria pacífica. Ao aportar em Vigo, na Espanha, em 12 de fevereiro do ano seguinte, a charrua estava imprestável e teve que ser desmontada. Ali, foram entregues como rebeldes sete marinheiros e um grumete. O calafate Antônio Pereira Rosa foi identificado como o cabeça da insurreição a bordo.

Não se sabe se pelo perigo da viagem ou por discordância sobre a missão (levar os Andrada ao exílio), nove marinheiros e sete grumetes desertaram antes da partida da Lucônia. O cirurgião (médico de bordo) faleceu durante a viagem. Depois de desembarcar em Vigo, Bonifácio seguiu por terra para o exílio em Bordeaux.

Após colocar a vida de Bonifácio em perigo e deixá-lo por seis anos no exílio, o volúvel Pedro mudaria de ideia ao nomeá-lo preceptor do filho. Por pouco, o Patriarca não virou mais um mártir da Independência.

BRASILEIROS VERSUS PORTUGUESES

Nativo de Portugal – veio ao mundo em 12 de outubro de 1798 – e cercado por amigos portugueses, Pedro era atacado pelos brasileiros, chamados de "cabras" pelos lusitanos e menosprezados pelos membros e privilegiados da corte, que se considerava branca e de alta linhagem genealógica. A burocracia que desembarcou de Portugal em 1808 cercou Pedro desde a infância e ele se acostumou com os trópicos e o conforto que lhes proporcionavam os escravizados.

A nomeação de Pedro, como príncipe regente no reino do Brasil, produziu uma identidade conjuntural de interesses, entre os grandes proprietários escravistas e antigos donos de terras feudais em Portugal, que aqui permaneceram, como observa o historiador Manoel Maurício de Albuquerque. Ele aponta a coincidência entre o avanço do movimento absolutista em Portugal e a dissolução da Assembleia Constituinte no Rio como elementos fundamentais para se entender o processo de emancipação brasileira.

No ano da Constituinte, 1823, o embate entre brasileiros e portugueses acontecia dentro do Brasil. "Não é possível evidentemente se fazer duas colunas e pôr brasileiro de um lado e português do outro. Mas estava clara, sim *(a divisão entre portugueses e brasileiros)*. Havia também muito brasileiro pró-Portugal", lembra o historiador Evaldo Cabral de Mello, em entrevista ao autor.

Comerciantes e burocratas portugueses recebiam o apoio dos conterrâneos estabelecidos em outras partes do Brasil, porque estavam sendo perseguidos pelos brasileiros. A divisão era tão viva que o regente Pedro, em sua proclamação, após o ato de fechamento da Constituinte, tentou botar panos quentes. "Brasileiros, uma só vontade nos una", iniciava: "Quem jurou a independência desse império é brasileiro".

Na ata de deportação, que Pedro assinou contra os deputados, ele incluiu medidas repressivas aos que insultassem os nascidos em Portugal. "Que sejam presos todos os que, além do insulto de palavras, passarem a atos ofensivos", ordenou. Além do próprio Pedro, aqueles que vieram de Portugal e se estabeleceram nos milhares de cargos burocráticos do Império eram sustentados pelos comerciantes e proprietários mais ricos da praça, de "grosso trato", ou seja, traficantes de longo curso, de produtos e de gente.

A divisão entre brasileiros e portugueses não se resolvia com a certidão de nascimento, pois eram muitos os nascidos em Portugal, mas vivendo no Brasil. Os milhares de nobres, serviçais e religiosos que desembarcaram no Rio de Janeiro em 1808, acompanhando João na fuga de Portugal, não desapareceram por encanto. A maioria se instalou confortavelmente no Rio, onde desfrutava dos benefícios da monarquia e dos confortos proporcionados pelo escravismo. Eles ficaram como herança do pai para Pedro, que os acomodou ao seu lado no poder, depois do 7 de setembro.

A discussão sobre quem deveria ser considerado brasileiro foi uma das questões que mais mobilizaram as sessões da Assembleia. Brasileiro tinha que ter nascido na região que estava lutando pela Independência ou poderia ser também aquele que nasceu no país europeu e se uniu ao Brasil? Segundo um dos primeiros historiadores brasileiros, Frei Vicente de Salvador, no Brasil daqueles anos, os portugueses pareciam caranguejos: só arranhavam nossa costa.

De fato, os cerca de 4,5 milhões de habitantes, incluindo 1,5 milhão de escravizados, estavam concentrados na faixa litorânea do que seria o Brasil. Principalmente, nos portos com águas calmas, entre Belém do Pará e Rio Grande. A exceção era Minas Gerais, onde houve a corrida do ouro no século 18 e uma grande migração para o interior, seguindo o Vale do Rio Doce.

Apelidos, mais ou menos elegantes, abundavam no "jornalismo de insultos", como chamou a historiadora Isabel Lustosa. Corcundas, carcundas ou empenados eram os que se curvavam aos interesses do despotismo e da monarquia portuguesa; pés-de-chumbo, chumbeiros, chumbistas, garrafeiros e caramurus eram portugueses e apoiadores da monarquia de Pedro; cafres, cabras e mulatos eram genéricos para brasileiros; marotos, demagogos e anarquistas indicavam os liberais, antimonarquistas ou republicanos.

Protegidos pelos conterrâneos, os portugueses eram mais próximos do poder. Ganhavam os melhores contratos, abençoados pela família real. Cabiam aos portugueses também os cargos de comando entre os militares imperiais.

Os brasileiros não protestavam à toa. Era sintomático o tratamento dispensado aos soldados nativos, a maioria deles negros. Com cinco anos de soldos atrasados, os militares que trabalhavam no porto de Santos invadiram armazéns, libertaram presos, tomaram a cidade e atiraram num barco de bandeira portuguesa em 1821. Eles exigiam remuneração igual à dos lusos e foram tratados brutalmente, alguns espancados e mortos.

O líder da rebelião, cabo Francisco José das Chagas, o Chaguinhas, e o soldado Joaquim José Cotintiba receberam pena máxima. A sentença, o enforcamento, foi cumprida em São Paulo, em 1822, no lugar onde havia também um pelourinho, que deu origem ao atual bairro da Liberdade – assim batizado, consta, em função dos clamores da multidão contrária à morte de ambos.

A forca teria se rompido por duas vezes, segundo relato do padre Diogo Feijó, depois regente. Contra os pedidos de clemência da multidão, os carrascos fizeram uma terceira tentativa e, como o cabo ainda resistia, o mataram a pauladas. Uma capela, Santa Cruz dos Enforcados, marca ainda hoje, na Rua dos Aflitos, o local da execução de Chaguinhas.

A antipatia contra os portugueses em terras brasileiras demoraria a passar. Em 1829, 1830 e 1831 aconteceram revoltas que acabariam por empurrar Pedro para fora do país. É falsa a versão apresentada em muitos livros de história da Abdicação, como ato voluntário e unilateral na trajetória do monarca. Segundo o historiador Paulo Setúbal, "Pedro foi cuspido do Brasil".

NADA PLÁCIDAS

Aos 23 anos incompletos, o jovem Pedro, que atravessara o Atlântico com a família aos 9 anos, enfrentou um cenário turbulento quando foi colocado no alto do poder, como regente, em 1821. No ano seguinte, seria coroado imperador, mas as margens do Ipiranga nunca foram plácidas.

Fidelidade conjugal e de ideias não eram o forte do rapazote – ou meninote, como o chamavam em Portugal. Mudaria muitas vezes de ideia sobre a Independência e a forma de governo naquela fase turbulenta no hemisfério ocidental. Da mesma forma que as guerras napoleônicas abalariam o poder das aristocracias europeias no início do século 19, com reflexo nas Américas, a derrota de Napoleão em 1815 motivou a volta das monarquias e as aspirações de reaver o poder absoluto do passado. Tal movimento deu início a uma onda conservadora que se espalhou pela região entre 1820 e 1830.

Depois da maré alta das ideias modernizadoras, veio o refluxo da reação da aristocracia. Os ideais da Revolução Francesa propagados anos antes pelas tropas de Napoleão, porém, já haviam se espalhado: era difícil trazer o gênio de volta à garrafa, como diz o historiador Richard Evans. Uma Constituição liberal foi aprovada pelos espanhóis em Cádis, em 1812, quando o rei da Espanha, D. Fernando VII, estava preso por Napoleão. Cádis fica próxima da fronteira com Portugal, e as notícias chegaram rapidamente ao país vizinho.

O general francês quis impor seu irmão José como rei da Espanha, mas os espanhóis se revoltaram; houve 375 mil mortes entre 1808 e 1814, 4% da população, segundo o historiador Ronald Fraser. A Espanha perdeu também as colônias, que ficaram sem rei em 1808. Já o Brasil, teve que abrir espaço para a chegada da corte portuguesa.

Mesmo com a Constituição liberal de Cádis revogada em 1814, as ideias antimonarquistas continuavam vivas na Europa e nas Américas. Em 1820, foram restauradas na Espanha e não tardaram a atravessar a fronteira para Portugal. A primeira cidade a ser contagiada foi a do Porto, no norte do país. Militares, funcionários e comerciantes formaram uma Assembleia, à revelia da monarquia e das ordens do então almirante William Carr Beresford, militar que a Inglaterra mantinha em Lisboa, à frente do governo de Portugal, desde 1812.

O sentimento de revolta dos portugueses contra a presença inglesa no país cresceu com a derrota de Napoleão, em Waterloo, em junho de 1815. O inimigo francês não existia mais, não fazia sentido Portugal continuar sendo comandado por um militar britânico. Em Lisboa, reuniões clandestinas nas lojas maçônicas reuniam militares e civis, até que, em 1817, os líderes foram denunciados e 13 deles enforcados ou fuzilados, por ordem de Beresford, com a concordância de João. No mesmo ano, outro levante ocorreria em Pernambuco, que aspirava se tornar república. Foi reprimido com igual violência.

***

Três anos depois, não havia mais como conter as aspirações dos portugueses. O movimento dos liberais do Porto chegou a Lisboa e tomou conta do país. Os revoltosos decidiram formar um governo e eleger uma corte, encarregada de escrever outra Constituição para o país – uma Assembleia Constituinte.

As chamadas cortes queriam o retorno do rei, que estava no Rio de Janeiro, mas ele deveria se submeter à nova Constituição, ainda em discussão. O grande problema para o Brasil é que as ditas cortes pretendiam também controlar a colônia brasileira. Desde a transferência da corte portuguesa para o Rio de Janeiro, o imenso território que ainda se transformaria em Brasil era governado sem a interferência de Lisboa. Portugal era mais dependente do Brasil do que o inverso.

As primeiras notícias da rebelião liberal chegaram ao Brasil em outubro de 1820. A monarquia absolutista sediada no Rio de Janeiro não via com bons olhos a sedição lusitana. Temia que a revolta popular tomasse conta de Portugal e do Brasil, como acontecia na Espanha. Diz um dos primeiros registros policiais da rebeldia no Rio contra a monarquia: "Dois manifestantes que ousaram gritar vivas à liberdade e atiravam pedras nas janelas foram presos na madrugada do dia 21 de novembro de 1820: João Batista, correio do Real Erário, e Dionísio Prudêncio, pardo miliciano *(policial)*. Outros fugiram".

Segundo os historiadores Andréa Slemiam e João Paulo Pimenta, protestos populares eram uma novidade nas ruas da capital do reino, sempre policiadas por agentes de João. Mas as manifestações mostravam que a receptividade das ideias liberais ia além dos círculos letrados da corte. Meses depois, já fervilhavam as manifestações nos principais centros urbanos da costa brasileira. As notícias chegavam pelos navios. Em janeiro de 1821, o estado do Grão-Pará, que abrangia toda a Bacia Amazônica, declarou sua adesão aos constitucionalistas de Portugal. Em fevereiro, foi a vez da Bahia. Pernambuco, desde 1817, não engolia o domínio da monarquia do Rio de Janeiro.

No Rio, em fevereiro de 1821, uma concentração de pequenos comerciantes e populares no Centro da capital exigia que o rei João acatasse as leis liberais que vinham de Portugal. Naquele momento, ainda não se sabia se era Pedro ou João, ou ambos, que voltariam para tratar com os portugueses reunidos nas chamadas cortes que discutiam novas leis para o reino luso.

Em 21 de abril, um sábado de Páscoa, véspera da indicação de Pedro como regente do Brasil, aconteceu um massacre da Praça do Comércio do Rio de Janeiro (área diante do prédio da atual Casa França-Brasil), episódio ironicamente batizado de Açougue dos Bragança. Dias antes de sua partida para Portugal, que ocorreria em 25 de abril, o rei convocara comerciantes locais para se reunirem e escolherem representantes. Eles seriam enviados às cortes de Lisboa, onde discutiriam a nova Constituição que vigoraria para todo o reino.

Os participantes, aos quais se juntaram populares, queriam mais: uma Constituição separada para o Brasil e a restituição do dinheiro retirado do Tesouro Nacional pelo rei João e seus seguidores. Na indiscreta capital do Rio de Janeiro, não passara despercebida pelos comerciantes a ordem real para que tesoureiros abastecessem os porões de navios que levariam o rei de volta a Lisboa com tudo que encontrassem nos cofres. Houve confronto e as tropas leais ao monarca dispararam, deixando um número de mortos incerto no episódio pouco estudado na história brasileira.

* * *

Em junho de 1821, chegavam ao Rio tropas enviadas de Portugal para levar Pedro de volta ao país natal e submetê-lo às exigências das cortes. A nova Constituição lusitana não estava pronta, mas os liberais queriam garantir a obediência do jovem Bragança. O comandante das tropas lusitanas, general Jorge Avilez, passeava pelo Rio de Janeiro como o novo mandachuva do Império.

O regente se sentia humilhado e rebaixado. Nas cartas chorosas que enviava ao pai, Pedro pedia para ser liberado do cargo e reunir-se a ele em Portugal. Estava realmente apavorado com o clima de beligerância que começara a emergir à sua volta entre portugueses e brasileiros.

Em 5 de junho de 1821, as tropas portuguesas obrigaram o príncipe regente a jurar as bases da Constituição liberal que se estava discutindo em Portugal. Ele relutava ainda a aderir aos movimentos de Independência do Brasil, ao mesmo tempo que flertava com Joaquina, a bela esposa do general Avilez.

O descumprimento das ordens de Portugal só foi anunciado em público no dia 9 de janeiro do ano seguinte, no Dia do Fico, quando o jovem Pedro declarou: "Se é para o bem de todos e a felicidade geral da nação, diga ao povo que fico". O próprio Pedro ainda não tinha reconhecimento nacional ou internacional. Apenas a bênção do pai, João.

* * *

Depois da volta de João a Portugal, em 1821, havia de fato dois governos: um no Rio e outro em Lisboa, cada qual mobilizando seus corpos diplomáticos e consulares nos principais centros de poder do continente europeu, com o objetivo de conquistar a simpatia estrangeira às suas respectivas causas. Naquele momento, acotovelavam-se em torno de Pedro grupos de interesses diversos que procuravam ganhar relevância na nova organização de poder, ainda instável.

O Fico significou a vitória do grupo político encabeçado por José Bonifácio, que reunia, principalmente, fazendeiros de São Paulo e Minas Gerais, na época, a província mais populosa do país. Os Andrada achavam possível manter a ligação com Portugal e a permanência de Pedro, porém, submetido a uma Constituição brasileira. Outro grupo, formado por comerciantes grandes e pequenos, fornecedores da corte, funcionários portugueses vindos em 1808, fazendeiros proprietários de gente de pele preta e traficantes negreiros, preferia cortar de vez os laços com Portugal.

Longe de ser homogênea e estável, essa parte considerável da elite local mantinha ligações também com os militares portugueses, mandados por Lisboa para capturar o regente. O grupo se intitulava liberal, embora a palavra tivesse significado bem diferente naquela época. A historiadora Cecília Helena de Salles Oliveira explica essa história no livro *A astúcia liberal*. Pedro ainda esperava manter os laços com o pai, João, e o país natal. No entanto, as pressões pelo rompimento aumentavam no Brasil. O jovem relutava. "A independência", dizia em carta ao pai em abril de 1822, "tem-se querido cobrir comigo e com a tropa, mas ninguém conseguiu nem conseguirá". Mais uma bazófia de Pedro, que seria desmentida pelos fatos, meses depois.

Em março, José Bonifácio havia despachado Pedro para Minas a fim de consolidar o apoio da província ao movimento separatista que se concentrava no Rio de Janeiro. Ele retornaria em abril e, em setembro, seria enviado para angariar apoios em São Paulo. Em 28 de agosto, aportou no Rio de Janeiro o navio Três Corações, trazendo ordens de Lisboa para o príncipe retornar a Portugal. José Bonifácio e a princesa regente Leopoldina, que governavam enquanto Pedro viajava, enviaram a ele as cartas onde recomendavam o rompimento dos laços políticos com Portugal.

A princesa austríaca já tentava há meses convencer o marido a declarar independência de Portugal, mas Pedro continuava indeciso. Ela comentou em janeiro, em uma carta: "O príncipe está decidido, mas não tanto quanto eu desejaria. (...) Muito me tem custado alcançar isto tudo – só desejaria insuflar uma decisão mais firme". Sua carta e a de José Bonifácio finalmente insuflaram a decisão.

As duas cartas alcançaram Pedro quando ele voltava de São Paulo. Depois de lê-las, no dia 7 de setembro, é que teria acontecido a cena de retirar dos braços e chapéus as cores portuguesas e trocá-las por fitas verde-amarelas. À margem de um córrego chamado Piranga ou Ipiranga.

* * *

Dias antes, porém, um encontro transtornou a cabeça volúvel do jovem Pedro: ele conheceu Domitila de Castro, com quem manteria um romance por sete anos. A amante não limitou sua influência ao coração do cavaleiro; teve forte impacto na relação de Pedro com Leopoldina e com José Bonifácio. O encantado jovem rei mandou vir toda a família Castro ao Rio de Janeiro, inclusive o marido, e mudou os rumos de seu governo nos anos que se seguiram.

Meses depois, já sob influência de Domitila, Pedro rompeu com aquele que tinha sido seu inspirador, conselheiro e tutor: José Bonifácio. A amante disputava a preferência do príncipe com a esposa, Leopoldina, mais próxima de Bonifácio. Eles trocavam ideias em alemão e assuntos do naturalismo, em voga na Europa. Foi o suficiente para Domitila começar a hostilizar José Bonifácio.

Logo, José Bonifácio de Andrada e Silva passaria de respeitável conselheiro mais velho a odiado adversário político. Um ódio recíproco borbulhava entre a nova amante e o velho ministro. Em torno de Pedro e Domitila, novo círculo de influência e interesses se formou. Bonifácio foi demitido do principal ministério do reino em julho de 1823. Ele e seus irmãos passaram a formar uma oposição barulhenta à monarquia e aos portugueses, concentrados em torno do cavaleiro do Ipiranga.

A artilharia verbal contra Pedro materializou-se no jornal *O Tamoyo*, nome que remete às raízes brasileiras que inspiravam os Andrada. O projeto de Constitucionalismo, no modelo em que o monarca reina, mas não governa e obedece às leis criadas pelos brasileiros, repercutia na Assembleia Nacional Constituinte. Grande cavaleiro, segundo seus seguidores, Pedro reagia a que lhe colocassem rédeas. Desde a abertura dos trabalhos, no dia 3 de maio de 1823, o jovem imperador implicava com a ideia de ter uma lei, a Constituição, que limitasse seus poderes.

A superioridade da família real em relação ao restante da população era algo fundamental para a monarquia dos portugueses. O respeito dos súditos chamava a atenção dos estrangeiros que passavam por aqui: quem cruzasse com alguma figura da nobreza tinha que se abaixar e beijar sua mão. O desrespeito a tal norma podia resultar em espancamento e até mesmo em prisão.

Antes que a Assembleia Constituinte tivesse início, uma grande discussão dividiu os deputados: se Pedro poderia entrar no recinto das discussões paramentado com os símbolos do poder – manto, cetro e coroa. Os representantes das províncias refletiam a questão do momento: a organização do poder no país que estava se formando. Os deputados mais liberais ou antimonárquicos defendiam que Pedro comparecesse como cidadão, sem os signos do poder. Acabaram decidindo, para que os trabalhos mais substanciais começassem, que Pedro deixaria os símbolos do poder imperial na entrada do prédio da Assembleia, para seu discurso inaugural. Ele, porém, sentou-se na cadeira mais alta do plenário.

Pouco mais de um mês depois, em 30 de junho, apesar de sua decantada perícia nas cavalgadas, numa escapada noturna, Pedro sofreu mais uma de suas inúmeras quedas. Ficou o mês de julho de cama, imobilizado e atado a aparelhos improvisados por seus médicos. Nesse mesmo mês, ocorriam reviravoltas políticas em Portugal. Miguel, irmão de Pedro, tentava fechar as cortes liberais e restabelecer o absolutismo, com ajuda da mãe, a espanhola Carlota, de militares monarquistas e de conservadores de outros países.

O pai, João, aproveitou a aventura do filho, a chamada Vilafrancada, para manobrar e ganhar poderes quase ilimitados. Novamente dono do trono português, João controlou o filho Miguel e dissolveu as cortes em 5 de junho de 1823. Confrontou-se com os liberais e abriu um novo período de instabilidade na velha metrópole colonial. Os representantes das cortes se perdiam em brigas internas, entre conservadores, liberais, constitucionalistas e republicanos. Os absolutistas se aproveitaram, com o velho argumento de "botar ordem na casa". Mas Miguel, sempre instigado pela mãe, não desistiria do trono português.

A virada conservadora de Portugal vinha reforçada pela onda das aristocracias europeias, que tentavam reaver o poder depois da derrota de Napoleão. A vizinha Espanha foi invadida por tropas monarquistas francesas, chefiadas por Luis Antônio, o Duque de Angoulême, da família Bourbon, com laços de parentesco com Pedro. As famílias Bragança e Habsburgo, naquele momento, ganhavam mais força e confiança contra os avanços de republicanos, liberais e constitucionalistas.

Com a mudança dos ventos políticos, não era de se estranhar que Pedro se sentisse encorajado a seguir seus instintos absolutistas: juntar-se aos mais conservadores e fechar a Constituinte, em 12 de novembro de 1823.

Nos anos 1822/23, afirma o historiador inglês Leslie Bethell, estudioso do Brasil e da América Latina, a Independência brasileira estava incompleta. Pedro logo despertaria desconfiança nos brasileiros, sobretudo quando se recusou a romper os laços com a facção portuguesa no Brasil e com Portugal. "Só com a Abdicação, em abril de 1831, é que finalmente se completou o processo pelo qual o Brasil se separou de Portugal. A maquiagem com que tentava disfarçar seu absolutismo se desmanchou. A partir daí, o país pertenceria aos brasileiros. Ou pelo menos à classe dominante brasileira", narra Bethell.

CONSTITUIÇÃO SIM, MAS SÓ PARA OS OUTROS

O Constitucionalismo de Pedro de Bragança e Bourbon sempre foi falso. Ele era filho do absolutismo e nele foi criado, como observa o historiador José Honório Rodrigues. A ideia da Assembleia Constituinte brasileira fez parte de suas promessas, quatro meses antes do 7 de setembro. Constava do conjunto de ideias que pregava a separação de Portugal, mas não foi iniciativa sua; partiu do editor do jornal *Correio do Rio de Janeiro*, João Soares Lisboa, de ideias republicanas. Foi ele quem colheu oito mil assinaturas em maio daquele ano, num pedido ao imperador para que convocasse representantes das províncias, visando à elaboração da Constituição do país.

Em carta ao pai, num tom de desculpas, Pedro anunciava que o Brasil não obedeceria às leis portuguesas, "porque de todo não querem senão as leis da sua Assembleia Geral Constituinte e Legislativa criada por sua livre vontade para lhes fazer uma constituição que lhes felicite *in aeternum*, se possível".

Mas não respeitou o conjunto de leis aprovado e discutido pela representação nacional. Depois de mandar os militares fecharem a Assembleia, Pedro nomeou a seu gosto uma comissão para cortar o que havia nela de mais progressista. Em seguida, assinou outro conjunto de leis, batizada depois de Outorgada, que ele mesmo aprovaria meses depois, em 1824.

O próprio monarca não chamaria o conjunto de leis que assinou de Constituição, mas de "Carta", imitando a "La Charte", proposta por Luís Napoleão XVIII, dez anos antes na França. No texto que outorgou (assinou e aprovou), introduziu, entre outras coisas, o Poder Moderador, sob seu controle, acima dos poderes judiciário e legislativo. Para mostrar que o que valia era sua vontade, só convocaria novamente a assembleia de representantes das províncias para se reunir em 1826.

O imperador e os cortesãos que o cercavam tremiam de medo da Constituinte, e com razão. Afinal, a palavra Constituinte passou a fazer parte da história quando populações de diferentes lugares se movimentaram por mais participação e para se livrarem dos reis. Isso aconteceu na independência das colônias americanas da Inglaterra e na França, onde alguns parentes de Pedro, da família Bourbon, perderam suas cabeças na guilhotina.

A primeira Constituição no mundo ocidental, aprovada nos Estados Unidos em 1787, foi elaborada pelos líderes dos 13 estados que lutaram pela expulsão da monarquia inglesa e começa com a famosa frase "We the people" (Nós o povo). A Independência americana, como a das repúblicas latinas, veio junto com uma Constituição e República.

A Constituição americana só foi aprovada após muita discussão e votações apertadas. Anos antes, líderes militares norte-americanos queriam que o comandante das forças que lutavam pela Independência, general George Washington, assumisse o posto de ditador da nova federação. Pretendiam, com isso, encurtar as demoradas discussões e divergências entre os representantes dos 13 estados que fundaram a federação americana, mas o general se recusou.

No Brasil, a maioria dos deputados constituintes não queria a cabeça de Pedro, mas limitar os poderes da monarquia. Era o regime constitucionalista, no qual o monarca reina, mas não governa, em que as leis se sobrepõem a todos os poderes e cidadãos igualmente, regime em vigor em países europeus.

No dia de sua coroação, 1º de dezembro de 1822, Pedro tinha 24 anos e deixava entrever suas reservas diante da reunião de representantes das províncias do Brasil que escreveriam as leis, às quais seria obrigado a seguir. Na data da instalação da Constituinte, 3 de maio de 1823, para a inquietação dos liberais e constitucionalistas, Pedro repetiu a frase do ato da coroação: *"(Prometi)* que, com minha espada, defenderia a pátria, a nação e a Constituição, se fosse digna do Brasil e de mim". Em outro trecho de sua longa fala, Pedro destacou: "Espero que a Constituição que façais mereça minha imperial aceitação, seja tão sábia e justa quanto apropriada à localidade e civilização do povo brasileiro". Pedro mostrou sua má vontade com a Constituinte: "Todas as constituições que à maneira das de 1791 e 92 *(da França)* têm estabelecido suas bases e se têm querido organizar, a experiência nos tem mostrado que são teoréticas e metafísicas e por isso inexequíveis, assim o provam França, Espanha e ultimamente Portugal".

Entre o início de 1822 e meados de 1823, José Bonifácio de Andrada e Silva e seus irmãos eram os políticos mais influentes do país. Defendiam a monarquia constitucionalista, não necessariamente separada de Portugal. Em carta ao pai, João, em julho de 1821, o então regente reconhecia a importância de Bonifácio: "Em São Paulo, houve uma concessão para o juramento das bases da Constituição *(de Portugal)* e formaram uma junta provisória em que ficou presidente e vice-presidente José Bonifácio de Andrada, a que se deve hoje o sossego de S. Paulo" – para que não pairassem dúvidas de quem mandava, Bonifácio ocupou os dois cargos simultaneamente.

Porém, em julho de 1823, durante as discussões da Constituinte, os Andrada foram destituídos do ministério: Bonifácio, dos Negócios do Império e Estrangeiros, e Martim Francisco, da Fazenda. Foram nomeados José Joaquim Carneiro de Campos, Marquês de Caravelas, que já servira à monarquia em Portugal, e Manuel Jacinto Nogueira da Gama, de tradicional família escravista do Vale do Paraíba.

Embora defendesse propostas consideradas progressistas para a época, Bonifácio era tido como arrogante e autoritário. Provavelmente, queria, ele mesmo, dar seu golpe, observou o historiador Evaldo Cabral de Mello. Vindo de uma das famílias mais ricas de São Paulo, de proprietários de terras e comércio, a princípio, Bonifácio era contrário ao rompimento com Portugal; preferia reforçar o poder do ramo da monarquia que se estabelecera no Brasil.

No absolutismo, primeiros-ministros se destacaram como grandes executivos de reinos. Foi o caso do Marquês de Pombal (1699-1782), em Portugal, e de Talleyrand

(1754-1838), ministro de Napoleão e dos Bourbon, na França. José Bonifácio possivelmente se inspirava nesses exemplos para se tornar um dirigente esclarecido e deixar o rei com seus divertimentos. Mas, com o passar do tempo, foi mudando de opinião.

Como Bonifácio era bem mais velho e instruído que Pedro, conhecia bem a Europa e falava alemão fluentemente, comunicava-se com facilidade com a princesa Leopoldina. Faziam uma dupla importante para influenciar o imaturo príncipe. Ela tinha a experiência da família reinante no império Austro-Húngaro, Habsburgo, a mais atuante na rearticulação das aristocracias na Europa, depois da derrota de Napoleão.

Em 1823, os irmãos Andrada formavam uma equipe poderosa no Executivo e no Legislativo: Antônio Carlos, Martim Francisco e José Bonifácio representando São Paulo, então província produtora de açúcar. Antônio Carlos, o mais novo, era o grande orador na Constituinte e autor do texto-base que se discutia ali, usado mais tarde pela comissão nomeada por Pedro para elaborar às pressas a Outorgada.

Ainda como ministro de Pedro, Bonifácio deu um jeito de se livrar de rivais intelectuais que considerava exaltados: exilou seus adversários de maçonaria, organização que reunia liberais e republicanos, entre eles, nomes influentes como Gonçalves Ledo e João Soares Lisboa, em Buenos Aires, e Januário Barbosa, em Bordeaux, na França.

* * *

Soares Lisboa foi o primeiro jornalista processado pela monarquia, acusado de abuso da liberdade de imprensa, por divulgar doutrinas incendiárias e subversivas, muito progressistas no julgamento de Bonifácio. Ele defendia ideias republicanas e era o editor do *Correio do Rio de Janeiro*. O jornal liderava a campanha pela instalação da Constituinte brasileira.

Depois de se convencer que a Constituinte era inevitável, José Bonifácio estabeleceu os critérios para a convocação dos representantes das províncias. Com base em dados populacionais levantados em 1819, decidiu-se que a Assembleia teria cem representantes, mas só 90 foram eleitos. Alguns não chegaram a ser empossados e houve 15 substituições no decorrer dos trabalhos. Ficou acertado que as decisões exigiram a aprovação de 46 representantes, número ampliado para 52 em setembro.

Por décadas, depois do fechamento da Constituinte, escritores e parlamentares conservadores dedicaram-se a detratar a obra dos deputados de 1823 e a elogiar os feitos do primeiro Pedro. Foram estimulados pelo segundo Pedro, que mal conheceu o pai e queria enaltecê-lo. "A altivez" da Constituinte e a qualidade do trabalho dos deputados foram defendidas por alguns poucos, mas brilhantes políticos da época. Formado em Direito na Faculdade do Largo de São Francisco, em 1858, professor, ministro e presidente de províncias, o Barão Homem de Mello teve a atuação reconhecida já nos 1900s pelo ex-presidente da Associação Brasileira de Imprensa, Barbosa Lima Sobrinho, e pelo Congresso Brasileiro.

Aos constituintes, era exigida renda superior a 500 alqueires de mandioca, a preços locais. Monarquistas tentaram ridicularizar o texto com o apelido de Constituição da Mandioca, um exemplo do costume, ainda atual, de se menosprezar produtos nacionais. A farinha de mandioca era considerada pela elite como algo menor; compunha a ração básica dos escravizados, misturada ou não com carne seca, e da população que não tinha renda para comprar o trigo do pão.

Redigido na sua maior parte por Antônio Carlos, irmão de Bonifácio, o projeto da Constituição da Mandioca serviu de base para a Carta Outorgada. Esta última foi emendada e remendada às pressas, em um mês, entre novembro e dezembro de 1823, assinada pelo próprio Pedro em 1824. Com isso, criou-se no país uma Constituição *sui generis*, em que o monarca, acima dela, reinava, governava e só respeitava as leis quando bem entendesse. E assim vigorou até o fim da monarquia.

Alguns escritores saudosos dos tempos imperiais ainda hoje exaltam a durabilidade e a sabedoria da Carta de 1824, mas omitem que repete a de 1823, com os artigos mais progressistas vetados pelo monarca. Os monarquistas e seus áulicos mais modernos ainda reclamavam que as discussões na Constituinte eram intermináveis e inconclusivas. Na verdade, os deputados já estavam adiantados na elaboração de uma nova Constituição e apresentaram a Pedro seu projeto em setembro, dois meses antes do fechamento. Muito do atraso era provocado pelos próprios monarquistas, interessados em melar a criação da Lei Maior, a Constituição. A partir dela é que nascem as outras leis e as instituições de uma república ou monarquia constitucional.

PEDRO PODOU A CONSTITUIÇÃO

Não que todos os representantes constituintes quisessem debater a questão, mas o mínimo que se previa sobre o abrandamento do regime de trabalho escravista foi apagado da famigerada Carta Outorgada por Pedro, em 1824. Da mesma forma, outras propostas cruciais para o desenvolvimento do país que estava se formando, como a criação de universidades e a liberdade de imprensa, ficaram fora.

Por esses e outros motivos, é sintomático o "esquecimento" do ano 1823, assim como de toda a sequência de ações autoritárias de Pedro. É o período mais importante da história constitucional do país. Assim começa o livro *A Constituinte perante a história*, escrito em 1862 pelo Barão Homem de Mello, reeditado em fac-símile pelo Senado, como primeiro volume da coleção *Memória brasileira*, em 1996.

Para a Assembleia Nacional Constituinte que se reuniu no Rio de Janeiro, Minas Gerais, a província mais populosa daqueles anos, mandou 20 deputados. Pernambuco compareceu com 13. São Paulo, 9; Rio de Janeiro, 8; Rio Grande do Sul, 4; Ceará, 8; Paraíba, 5; Alagoas, 5; Goiás 2; Rio Grande do Norte, 2; Santa Catarina e Mato Grosso, apenas 1 cada. Bahia, Maranhão e Pará não seriam representados, já que a população daquelas províncias estava rebelada contra o mando do Rio de Janeiro. A Cisplatina, que depois se chamaria Uruguai, não aceitava o comando de Pedro e entraria em guerra pela sua independência em 1825.

Os deputados constituintes tinham boa formação. Entre eles havia dois matemáticos, dois médicos, dois funcionários públicos e sete militares. A maioria era de bacharéis de direito, juízes e desembargadores. Havia ainda 16 padres. Lembremos que na monarquia não existia separação entre Igreja e Estado, daí o elevado número de sacerdotes representando províncias. Ou seja, além dos assuntos espirituais, eles envolviam-se também com temas laicos e políticos.

Os constituintes se reuniram 148 vezes em sessões ordinárias, cinco preliminares, duas secretas e a última permanente, entre 11 e 12 de novembro, dia do cerco e fechamento da Assembleia pelas forças militares. Depois de encerrá-la à força, o jovem monarca prometeu dar ao país uma Constituição tão ou mais liberal do que a discutida até ali. O que havia de mais liberal no texto, porém, foi cortado. De qualquer forma, a comissão nomeada por Pedro para elaborar às pressas, entre novembro e dezembro, sua Carta aproveitou o que pôde do texto-base da Constituinte. É sintomático, contudo, o sumiço de alguns artigos.

Entre 13 de novembro e 25 de março de 1824, data da assinatura solene da Carta, o Brasil foi dominado e silenciado – "o país tem vivido silêncios longos, profundos e mortíferos", registra José Honório Rodrigues, referindo-se aos períodos ditatoriais. Naqueles meses, o primeiro Pedro mandou preparar uma Constituição a seu gosto.

Entre os nomeados para reescrever a Constituição com base no texto de Antônio Carlos de Andrade, e discutido na Constituinte, só José Joaquim Carneiro de Campos era jurista eminente. "A alguns dos conselheiros nomeados faleciam talentos e méritos que os recomendassem para o exercício dos cargos que foram chamados a desempenhar", escreveu o deputado, depois ministro, Tavares de Lyra.

O novo texto assinado por Pedro consagrou o atraso em relação às liberdades pessoais e valorizou o poder ao rei. Algumas mudanças feitas pelos redatores da Carta de Pedro são exemplos de como o Brasil foi impulsionado para o atraso em relação a outros países. O retardo educacional, reclamado por todos os brasileiros hoje, deve sua origem a um artigo modificado e assinado no texto por Pedro. Enquanto o projeto da Constituinte propunha "escolas e ginásios em cada comarca *(do país)* e universidades nos mais apropriados locais", na Outorgada de Pedro, a proposta foi diluída num texto geral e vago sobre criação de "colégios e universidades onde serão ensinados os elementos da ciência, artes e belas artes", que não foi levado adiante. O Artigo 179 das disposições gerais da lei aprovada pelos constituintes acrescentava: "A instrução primária é gratuita a todos os cidadãos, além de garantir colégios e universidades".

Destacado deputado constituinte da bancada de Minas Gerais, Manuel Ferreira da Câmara tanto achava necessária a criação de uma universidade no Rio de Janeiro que cinco dias antes do fechamento da Assembleia insistia, mesmo derrotado em votação, na criação de um Instituto Brasílico, com base nos estatutos da Universidade de Coimbra. Seu projeto ficou para segunda leitura e depois foi podado na redação das leis outorgadas por Pedro.

Naquele ano já funcionavam na América Espanhola 22 universidades. A criação de duas instituições de ensino superior no Brasil – uma em São Paulo e outra em Olinda – foi aprovada pela Constituinte no dia 4 de novembro, por proposta do deputado pelo Rio Grande do Sul José Feliciano Fernandes Pinheiro (depois, Visconde de São Leopoldo), mas acabou cortada da Outorgada.

Os dois únicos frutos das propostas de educação superior na Constituinte foram a criação dos primeiros cursos jurídicos no Largo de São Francisco, em São Paulo, e em Olinda, em 1827. A primeira universidade do Brasil só seria inaugurada quase um século depois, em 7 de setembro de 1920: a Universidade do Rio de Janeiro, rebatizada de Universidade do Brasil e hoje Universidade Federal do Rio de Janeiro. São Paulo teria uma universidade apenas em 1934.

Já o Poder Moderador, que não estava previsto no projeto discutido pela Assembleia Constituinte, foi introduzido na Carta Outorgada pelos escribas de Pedro. Era uma espécie de Supersenado, com poderes superiores ao Senado e à Câmara e membros nomeados pelo próprio imperador. Significava, portanto, maior concentração das decisões nas mãos dos monarcas e seus protegidos até quase a virada do século. "Era a chave-mestra para a opressão da nação brasileira", diria Frei Caneca, líder e mártir do levante pernambucano de 1824 contra a monarquia. O dito Poder Moderador não moderava nada. Ao contrário: acentuou o arbítrio do monarca e a crueldade da escravidão.

A liberdade de imprensa constava entre os direitos individuais a serem garantidos a todos os brasileiros: liberdade pessoal, religiosa, da indústria, de imprensa, inviolabilidade da propriedade e o juízo por jurados. E era reforçada no artigo 23 do projeto de Antônio Carlos de Andrada: "O escritor não está sujeito à censura, nem antes, nem depois de impressos".

Na Outorgada, porém, a liberdade foi restringida. O artigo ficou assim: "'Todos **podem** comunicar seus pensamentos (...) **contanto** que hajam que responder pelos abusos que cometerem no exercício desse direito". Na prática, a lei foi desrespeitada pela vontade imperial com frequência.

O monarca vivia insatisfeito com os jornais. Ainda durante a reunião da Assembleia Constituinte, em junho de 1823, Luís Augusto May, editor do *Malagueta*, foi espancado com paus e espadas, por homens encapuzados, pela publicação de artigos críticos ao monarca.

Em 22 de novembro de 1823, dez dias depois de fechada a Constituinte, Pedro cobria-se com o manto de defensor da Independência para justificar mais censura à imprensa. Em um de seus pronunciamentos, disse: "Eficaz remédio que tire dos inimigos da Independência deste Império toda a esperança de verem renovadas as cenas que quase o levaram à borda do precipício, marcando justas barreiras a essa liberdade de imprensa".

O influente jornalista baiano Cipriano Barata, editor do *Sentinela da Liberdade*, ficou preso de 1823 a 1830 por

Pedro e sua corte, sem acusação formal, e só foi solto por pressão dos liberais, pouco antes da partida do monarca para sua terra natal. Nos dias seguintes ao golpe contra a Constituinte, a mão pesada do imperador se faria sentir em Pernambuco, onde foi preso João Luiz do Nascimento Mendes Viana, redator de *O Escudo da Liberdade do Brazil*. O jornal parou de circular em 14 de novembro de 1823.

Dois anos depois, o jornalista francês Pedro Chapuis foi expulso do país por criticar o acordo entre Brasil e Portugal para reconhecimento da Independência brasileira em 1825. Para que a recém-inaugurada monarquia brasileira obtivesse o reconhecimento de Portugal, o Brasil comprometeu-se a pagar 80 toneladas de ouro, correspondente à dívida dos lusitanos com os ingleses, que intermediaram as tratativas.

Chapuis chamava a atenção para os termos do acordo que permitia a Pedro ser sucessor do pai João em Portugal. Já João reconhecia a soberania brasileira, mas mantinha o título de imperador de Portugal, Brasil e Algarves. O acordo desmente, de fato, a independência. Imaginem se os Estados Unidos, já independentes, pagariam dívidas da Inglaterra com outros países?

Com seu habitual mau-humor em relação aos jornais, dizia o monarca em 1829: "O abuso da liberdade de imprensa, que infelizmente se tem propagado com notório escândalo por todo o Império, reclama a mais séria atenção da Assembleia *(reunida pela primeira vez em 1824, depois de fechada em 1823)*. É urgente reprimir um mal que não pode deixar em breve de trazer após de si resultados fatais".

Outros artigos que desapareceram da Outorgada revelam muito do jovem Pedro e de seus seguidores. No

Artigo VI parágrafo 6 sobre a definição de quem era cidadão brasileiro, os constituintes incluíam "os escravos que obtiverem alforria". Esse item sumiu do texto da Carta de 1824. A proposta de José Bonifácio sobre a libertação gradual dos escravizados não chegou a ser discutida. Um artigo do texto-base, apresentado pelos constituintes a Pedro, previa "emancipação lenta dos negros e sua educação religiosa e industrial". No texto assinado por Pedro não há sequer menção ao assunto.

Na prática, a aprovação da Carta Outorgada elaborada por um restrito grupo obediente ao jovem Pedro reforçou a tendência que já se registrava nos debates da Assembleia: a centralização do poder político no Rio de Janeiro e em torno do monarca. Suas atitudes eram frequentemente classificadas de despóticas, pessoais e tirânicas. Na verdade, expressavam, cada vez mais, os interesses dos grandes comerciantes, traficantes de africanos e dos controladores das navegações.

"A unidade do Brasil representaria a própria geografia de seus negócios particulares, não mais restritos apenas a uma província ou a um grupo delas", segundo destacam João Paulo G. Pimenta e Andréa Slemian no livro *O nascimento político do Brasil*.

UM RODAMOINHO NA HISTÓRIA

Nos anos que antecederam e sucederam 1823, o território que hoje conhecemos como Brasil passou por um processo político caótico, incerto e violento, marcado pela confrontação e operações militares que resultaram na ruptura com Portugal. Segundo o historiador Hélio Franchini Neto, a relação ambígua entre poder central e poder local ou regional, diz ele, é essencial para a compreensão das reações à Proclamação da Independência e das razões pelas quais uma guerra foi necessária para construir o estado brasileiro entre 1822 e 1823.

Ao mesmo tempo que se desenrolavam, no Rio, os debates para a elaboração na Assembleia Constituinte da nova lei que regeria o país, rebeliões contra o domínio imposto pela então capital imperial espocavam nas regiões dos principais portos do país: Salvador, Recife, Maranhão e Belém, sem falar da Cisplatina, onde os portugueses e o herdeiro Pedro disputavam lugar para recolher impostos na saída do Rio da Prata.

Desses portos, vinham para a capital gordas receitas colhidas na importação e exportação de mercadorias e de gente da África. Para sufocar as rebeliões, o Império contratou experientes navegantes ingleses – como Lord Thomas Cochrane –, irlandeses, alemães e quem mais estivesse disposto a se aventurar nos trópicos.

Nos tempos da separação de Portugal e da Constituinte, a revolta de 1817 não havia esfriado completamente em Pernambuco, província mais extensa do que o estado atual. Mesmo depois do rei João, apelidado pelos monarquistas de O Clemente, ter mandado fuzilar e esquartejar uma dezena de líderes. Naquele estado do Nordeste, o orgulho de ter sido território da primeira república no Brasil, mesmo que só por alguns meses, permaneceu em ebulição e deixou marcas até hoje.

A maior preocupação da Coroa do Rio de Janeiro era a rebelião da Bahia, que se manifestava simpática aos ideais liberais da Revolução do Porto. Salvador fora a primeira capital brasileira, abrigava grande número de portugueses, era o segundo maior porto de importação de africanos e ambicionava as antigas glórias e privilégios.

Muitas vezes, a rebelião baiana é apresentada como um movimento pró-lusitano ou antibrasileiro. Foi muito mais do que isso. Tinha elementos pró-portugueses, mas também pró-liberais e contra a monarquia centralizada no Rio. Tanto que os militares portugueses que estavam na Bahia, sob o comando do mercenário francês Pierre Labatut, a mando de Pedro, não tiveram problemas em serem integrados às Forças Armadas da monarquia sediada no Rio de Janeiro, por ordem do rei, mesmo sob protestos de populares e constituintes. Em 2 de julho de 1823, depois de muita refrega, comemorou-se a adesão da Bahia ao Rio.

Na capital do principiante Império, o monarca Pedro, cercado por muitos auxiliares portugueses, nobres e traficantes de escravos, lidava com críticas de uma ativa imprensa e dos deputados que discutiam as novas leis para governar o país. A economia do reino, com a intensa entrada e saída de navios no porto do Rio de Janeiro, fazia com que Pedro se sentisse seguro. "Apesar da falta do reconhecimento político, não deixam de entrar diariamente neste porto navios de todas as nações, motivo por que o comércio tem aumentado; a alfândega rende mensalmente 200 e tantos contos e não rende mais (o que em breve acontecerá) por haver poucos cômodos para despachar-se mais fazenda", escreveu Pedro à Leopoldina.

Quase nada mudou no Brasil depois do 7 de setembro de 1822. "A independência política claramente não produziu transformação estrutural no Brasil. Era uma economia agrícola antes da Independência e continuou sendo assim depois", escreveu o pesquisador americano Nathaniel Leff, em artigo no livro *How Latin America fell behind* (Porque a América Latina ficou para trás), publicado pela Universidade de Stanford. O escravismo se fortaleceu, e as fazendas de produção de açúcar e café prosperaram. A família Bragança continuou mandando no Brasil e em Portugal. O tráfico de africanos seguiu dominando a economia.

O Rio de Janeiro era o centro nervoso do país, porto mais movimentado, cidade mais rica e o local onde se desenrolava a luta pelo poder entre Pedro, com seus apoiadores, e a oposição. A província de São Paulo, para onde Pedro viajara no início de setembro de 1822, ficava a oito dias a cavalo do Rio. A capital da província paulista tinha

25 mil habitantes. Era uma área urbana alagada, cercada por produção agrícola. Ao todo, a região somava 306 mil habitantes, 80 mil deles escravizados. Minas, a província mais populosa, tinha cerca de 170 mil escravizados.

O tráfico de africanos era de longe o melhor negócio da época. Um ser humano de cor escura embarcado na África podia triplicar de valor quando vendido em Minas Gerais. Os negociantes franceses Rossel e Boudet, de Nantes, registraram em 1815 a compra na África de 500 negros, com custo de 600 mil francos e a venda por 1,1 milhão de francos, um lucro de 83%. Ao longo dos anos, com mais restrições por parte dos ingleses, os preços dos escravizados só subiram. Uma compra na África rendia 400% na venda em portos brasileiros. Um africano escravizado, em 1846, valia o equivalente a 30 sacas de café de 60 quilos, nos cálculos de Fogel e Engerman no livro *The reinterpretation of American economic history*.

O naturalista alemão Alexander von Humboldt, um fino observador das condições sociais e ambientais no continente americano, calculou que o lucro de 100% no tráfico negreiro era usual, mas havia viagens que rendiam 300%. Muitas vezes os traficantes levavam produtos, como cachaça, panos, ferramentas, pólvora, búzios (usados como moeda na África) e os trocavam por "peças de negócio" (africanos homens e jovens, de preferência). Na África, um prisioneiro podia ser trocado por três mosquetões ou um barril de cachaça. No porto do Rio, eram negociados por crédito ou dinheiro vivo e mercadorias.

Os comerciantes de carne humana irrigavam financeiramente a capital da corte, além de abastecer a lavoura e a cidade com mão de obra negra. As viagens de Angola para o Rio duravam cerca de 60 dias, e, em média, 12% dos traficados não sobreviviam. Os comerciantes de grosso trato, como eram chamados os traficantes de africanos, dominavam também o crédito, as transações imobiliárias, a venda de alimentos e os transportes. Participantes menores podiam investir parte de suas poupanças no comércio de viventes, entregando dinheiro aos traficantes e aguardando a valorização na volta dos navios ao Rio dos portos africanos.

Os negociantes de grosso trato eram os mais ricos do Rio de Janeiro e estavam interligados ao comércio e ao crédito local. Muitos tinham correspondentes e sócios em Lisboa e nos portos de Angola. Esses ricaços da época eram os grandes mantenedores da monarquia. Em troca, recebiam títulos de nobreza e cargos públicos rentáveis, como coletor de impostos e fornecedor da corte.

ANGOLA E BRASIL: CARNE E UNHA

Para os traficantes de africanos dos dois lados do Atlântico, livrar-se da burocracia portuguesa na terceira ponta do triângulo comercial representava um alívio. Por isso, as movimentações pela independência no Brasil eram acompanhadas com atenção em Angola. Os territórios que viriam a formar os dois países estavam ligados por uma aterrorizante ponte imaginária sobre águas turbulentas, percorrida intensamente pelo tráfico negreiro ancorado nos portos do Rio de Janeiro, de Luanda e de Benguela, o segundo maior de Angola.

Para os africanos sequestrados de seu continente era o "caminho da morte" (*Way of death*, título do livro do historiador americano Joseph C. Miller). Desde a captura nos sertões africanos e durante o tempo em que permaneciam em barracões à espera dos embarques, muitos não suportavam: eram viagens sem volta, marcadas por doença, crueldade e desespero. Doloroso e cruel, o contínuo fluxo de gente entre África e Brasil gerou intensos e duradouros impactos sociais, culturais, econômicos e políticos. A proximidade histórica do Rio de Janeiro com Angola é muito maior do que gostariam de admitir os louvadores da monarquia portuguesa transfixada no Brasil.

Segundo o historiador Roquinaldo Ferreira, brasileiro, professor da Universidade da Virginia (US), "a história do Brasil é parte integral da história angolana e vice-versa. No nível político, o fato de que os políticos portugueses acreditavam que Angola e Brasil poderiam construir uma única e independente entidade política expõe uma outra camada chave das estreitas conexões entre os dois países".

Como a principal atividade econômica no Brasil era o tráfico e o trabalho escravista durante os anos 1800 e anteriores, negreiros de um lado e do outro do Atlântico simpatizavam com a ideia de acabar com a interferência de Lisboa em seus negócios para, sem intermediários, torná-la mais lucrativa.

Preso em Benguela como independentista, em 1824, o traficante de africanos Francisco Ferreira Gomes tinha fortuna de quatro vezes o tesouro de Benguela. Com quatro cúmplices, segundo as autoridades que o prenderam, ele conspirou contra o governador de Benguela para içar ali a bandeira do Império brasileiro. Enviado para Angola do Rio de Janeiro como degredado, Ferreira Gomes era preto, havia sido preso antes por distribuir panfletos agressivos contra os brancos portugueses, pés-de-chumbo, como eram apelidados.

Antes, ele recebera 16 licenças das autoridades de Benguela para organizar expedições no interior, prender e comerciar escravizados. Uma delas com cem carregadores. Era também sócio dos navios negreiros Desengano Feliz e Trajano. Gomes e seu sócio, Luis Santos Anjo, tinham como principal contato no Rio de Janeiro Amaro Velho da Silva, listado por Manolo Florentino como um dos maiores comerciantes de africanos no porto do Rio. Esse padrão de sociedade dos dois lados do Atlântico não era incomum.

Os maiores traficantes de africanos mantinham laços estreitos com os comerciantes baseados na costa angolana. O Brasil foi o principal parceiro comercial de Angola nos anos 1800 e a exportação de escravizados continuou até 1850. Nos anos turbulentos que começaram em 1820, com a revolução liberal do Porto, as elites escravistas de Angola, especialmente em Benguela, cogitaram em aderir ao movimento de independência brasileiro, como um estado além-mar.

Mesmo antes do corte dos laços com Portugal, as repercussões do outro lado do Oceano Atlântico sobre o que acontecia no Brasil eram consideráveis, como nota o historiador Roquinaldo Ferreira. Em 1817, no levante republicano em Pernambuco, Portugal instruiu a administração de Luanda a apreender os navios dos comerciantes brasileiros implicados no movimento. Em 1824, negros angolanos planejaram viajar a Pernambuco para se juntar aos rebeldes.

Jornais brasileiros, antimonarquistas ou liberais, como *A Gazeta do Rio de Janeiro*, *Estrela* e *A Malagueta*, chegavam a Angola. Lisboa tentou proibir a circulação de jornais portugueses em Luanda em 1817. Panfletos circulavam pelas ruas de Benguela, dando conta de uma iminente união com o Brasil. Na junta provisória de Benguela, prevalecia a cumplicidade com os brasileiros. Benguela enviou a Luanda uma representação exigindo autorização para ligação com o Brasil. Comerciantes de Benguela, após serem persuadidos de que não viria a união, mudaram-se para o Brasil.

A ligação entre os lados sul-americano e africano do reino lusitano era intensa, a ponto de Angola enviar seus cidadãos de elite para tratamentos médicos e estudos no Rio de Janeiro. A igreja lusitana, importante braço na administração das colônias, unia Salvador e Luanda numa mesma arquidiocese. A junção de Brasil e Angola era uma ameaça real naqueles anos de agitações constitucionalistas e antimonárquicas.

Sobrenomes familiares aos brasileiros frequentaram desde sempre as terras angolanas. Foi Salvador Correia de Sá e Benevides – descendente de Salvador de Sá e Mem de Sá, os fundadores portugueses do Rio – quem levantou em 1648 o financiamento e organizou tropas para restaurar o poder dos portugueses e brasileiros escravistas em Angola. "As tropas, constituídas de portugueses, 'brasileiros' e índios, lutaram contra a rainha Nzinga *(Jinga)*, degolaram o rei do Kongo *(territórios entre os atuais Congo e Angola)*, e o seu comandante retornou como herói ao Rio de Janeiro, liberando o fluxo de escravos para a colônia Brasil", registra a historiadora portuguesa Selma Pantoja.

"Se a aproximação entre o Brasil e a África Atlântica era realmente tão intensa no período imperial, por que então a história dessas relações segue ainda silenciada?", questiona o historiador Gilberto da Silva Guizelin. Nos anos próximos à Independência, vários brasileiros foram deslocados para governar Angola: Luis da Motta Feio e Torres (1816 a 1819), José de Oliveira Barbosa (1810-1816) e o ex-governador do Maranhão, Antonio de Saldanha da Gama (1807 a 1810).

Em Angola, a movimentação política ia além do reconhecimento, nos principais portos: alguns pregavam a adesão. Em maio de 1822, uma petição assinada por representantes do clero e da sociedade civil de Benguela, além de outros 55 nomes, requeria ao governo-geral de Luanda, ao qual era subordinada, que fizesse saber às cortes de Lisboa que a vontade dos habitantes de Angola era render obediência "perante Sua Alteza Real o Príncipe Regente do Brasil".

Ainda em 1823, um ofício de Cristóvão Avelino Dias, governador-geral de Angola, relatava ao ministro da guerra português a tarefa quase impossível das autoridades ultramarinas de conservar os direitos da Coroa portuguesa sobre Angola, "já que homens ricos, cujos interesses estão intimamente ligados com o comércio da escravatura, buscavam a todo custo colocar-se abaixo da proteção do governo rebelde do Brasil".

A historiadora Selma Pantoja observa que "as famílias, os negócios, as plantas e as ideias foram objetos de intercâmbio nesse transitar pelo oceano (...) Apesar de marcado por uma relação de atividades violentas, como foi o tráfico de escravos, esse momento histórico, de mais de três séculos, evidenciou a construção de uma cultura específica criada sempre que narramos atuações humanas".

Em seu livro *Dois cônsules de sua majestade imperial em Luanda* (1822-1861), Gilberto da Silva Guizelin mostra que o primeiro reconhecimento do Brasil como nação não foi dos Estados Unidos, em 1824, como se ensina na escola, mas sim do obá (rei) do Onin, atual Lagos, na Nigéria.

Em Moçambique, a Independência do Brasil também gerava comoções. Em 1824, o governador-geral da capitania alertava o ministro da guerra português que o Senado local, composto por brasileiros, desertores, mulatos e negros, trabalhava para fazer a união com o Brasil. Apesar da ligação intensa com a África, a história ensinada nas salas de aula do Brasil, até pouco tempo, apagava ou dava pouca relevância a ela. "Da parte brasileira, a bibliografia padece de outros males. Até a década de 80, foram comuns publicações com temáticas diversas, com ponto de vista muito ao gosto colonialista", aponta Selma Pantoja.

"Pela tradição histórica, pelas relações, pela posição geográfica, pela unidade do mar, em cujas praias nos irmanamos, não pode o Brasil alhear-se do destino atual da África", diz o historiador José Honório Rodrigues. A união Brasil-Angola era tão importante, que no tratado de reconhecimento do Brasil pelo Reino Unido, em 1825, o gabinete de negócios estrangeiros incluiu uma cláusula exigindo que o Brasil renunciasse às pretensões em relação a ex-colônias africanas.

PEDRO, CAMPEÃO DE TRÁFICO NEGREIRO

Nos anos tumultuados da separação de Portugal e da realização da Constituinte, o escravismo não era uma questão menor para a monarquia portuguesa instalada no Rio de Janeiro. Fazia tempo que os ingleses pressionavam pela abolição do tráfico de escravizados africanos. Desde 1808, o pai de Pedro prometera aos ingleses que aboliria o tráfico, em tratados diplomáticos de 1810, 1815 e 1817. Em 1825, quando foram negociar a independência com os ingleses, os enviados de Pedro também prometeram encerrar o comércio de gente. Mas deixaram o prazo convenientemente em aberto.

Para os abolicionistas ingleses, como o parlamentar William Wilberforce, não seria tarefa fácil, já que considerava o Brasil "como o próprio filho e campeão do comércio de escravos, senão o próprio comércio de escravos personificado". Henry Chamberlain, cônsul geral da Grã-Bretanha no Rio de Janeiro, duvidava que o governo brasileiro, chefiado pelo jovem Pedro, tivesse desejo de pôr fim ao tráfico: "Esta inclinação atual do governo em favor daqueles que praticam o comércio de escravos, esta indulgência legal, de um lado, e o apoio, de outro, não se coadunam com a disposição declarada do governo de cooperar na repressão do comércio e com o desejo de vê-lo abolido. Seus atos presentes contrariam as suas palavras".

Só em 1822 os navios negreiros transportaram 56.321 africanos ao Rio de Janeiro. No ano seguinte, agitado pela convocação e fechamento da Assembleia Constituinte, houve uma queda no desembarque de escravizados: 36.159. Depois do fechamento da Constituinte e do reforço de poder em torno de Pedro, o tráfico escravista voltou a prosperar. O número de africanos desembarcados no Rio subiu ano a ano. Em 1824, foram 39.696; em 1825, 43.570; em 1826, 61.468; e, em 1827, 61.817. Houve pequena queda no ano seguinte para 58.581. Depois, em 1829, escalou para o recorde de 76.145.

Os números praticamente dobraram entre 1824 e 1829, período de Pedro no poder. Ao todo, foram 800 mil escravizados importados de 1810 a 1825, número que pulou para cerca de 1,1 milhão de 1826 a 1850. Os registros oficiais, porém, não contabilizam todos os africanos que entraram no Brasil. Em 1850, já no período do segundo Pedro, estima-se que chegaram ilegalmente aos portos brasileiros 52.900 africanos. Isso, em moeda da época, representava mais de um quinto das importações brasileiras ou todo o comércio com a França e os Estados Unidos. As contas são de Herbert Klein, em artigo sobre a economia brasileira do século 19.

Os dois Pedros favoreceram a prosperidade do Trato de Viventes, título do livro clássico de Luiz Felipe de Alencastro. O percentual da população escravizada no Rio de Janeiro variava em torno de 35% de 1799 até 1849. A partir de 1850, o percentual caiu, após ameaças de que os navios ingleses bombardeariam o porto do Rio. Ao longo da primeira metade do século 19, nos anos de governo do primeiro Pedro, da Regência e do segundo Pedro, a escravidão era uma instituição urbana em expansão, segundo a historiadora americana Mary C. Karasch em seu livro *A vida dos escravos no Rio de Janeiro (1808-1850)*.

Em 1817, ano do casamento de Pedro com Leopoldina, o Barão Johann Baptist von Spix, enviado pela corte austríaca para pesquisar as riquezas do país, descreveu a cena de seu desembarque no Rio: "Os mercados e as ruas mais próximas ao mar estão cheias de negociantes, marinheiros e negros. Os diferentes idiomas dessa gente, de todas as cores e vestuários, se cruzam, o vozerio interrompido e sempre repetido com que os negros levam de um lado para o outro as cargas sobre varas, o chiado de um tosco carro de boi, os frequentes tiros de canhão dos castelos e navios de todos os países do mundo e o estrondo dos foguetes com que os habitantes festejam, quase diariamente e já de manhã cedo, os dias santos, confundem-se num estardalhaço ensurdecedor". Johann Baptist von Spix acrescenta: "A natureza inferior, bruta, desses homens insistentes, meio nus, fere a sensibilidade do europeu, que acaba de deixar os costumes delicados e as fórmulas obsequiosas de suas pátrias".

Ao embarcarem na África, os presos destinados aos navios negreiros eram marcados com ferro quente, banhado com óleo de dendê, para não grudar na pele, como um selo de liberação, depois que os traficantes pagavam impostos às autoridades portuguesas. Vem daí, com dolorosa lembrança, a palavra carimbo, "pequena marca" na língua quimbundo, falada em Angola.

Africanos desembarcados no Brasil podiam ser encaminhados a outros navios e a outros países escravistas. Muitos ficavam na capital ou eram levados às plantações no interior fluminense. Segundo Mary C. Karasch, "eles eram não somente as máquinas e cavalos da capital comercial-burocrática, mas também a fonte da riqueza e do capital de seus donos". Além da agricultura, trabalhavam como artesãos, carregadores e em serviços de toda ordem.

Já os negros de ganho faziam o comércio ambulante para seus senhores, estavam estabelecidos na cidade e alguns, se aguentassem as surras, podiam acumular reservas e comprar suas alforrias. Eram personagens do Rio. Até mesmo alguns imigrantes espanhóis e italianos solicitaram licenças para trabalhar como negros de ganho. No Brasil, as práticas e costumes escravistas acompanham a trajetória da monarquia. Não foi por obra do acaso que o tráfico de africanos tenha alcançado seu ápice em 1829, durante o reinado do primeiro Pedro.

MUITOS NOBRES, POUCA NOBREZA

A corte que o pai de Pedro trouxera de Portugal era cara e improdutiva. Segundo o historiador e viajante Charles Boxer, Portugal se apresentava como a "nação onde a grande maioria das pessoas, do rei ao homem do povo, era a mais dominada pelos padres do que qualquer país do mundo, à possível exceção do Tibete".

Nenhum deles criava artefatos de valor, alimentos, tampouco se envolvia com qualquer serviço para a população. Usar as mãos era um ultraje para os aristocratas. Ainda regente, João, que só viraria João VI depois da morte de sua mãe, em 1816, distribuiu mais títulos no Brasil do que a monarquia portuguesa o fez em 300 anos de história. Até 1821, data em que retornou a Lisboa, nomeou 28 marqueses, 8 condes, 16 viscondes e 21 barões.

Pedro ampliaria a prática, agraciando 96 pessoas com 150 distinções: 38 com títulos de barão, 10 de barão com grandeza (um grau especial), 11 de visconde, 38 de visconde com grandeza, 8 de conde, 27 de marquês e 2 de duque, além de 10 honras de grandeza para barões e 4 honras de grandeza para viscondes. Dos agraciados,

87 não possuíam título de nobreza prévio. As contas são de Marina Garcia de Oliveira, em sua dissertação de mestrado da USP. Era assim que funcionava o "dando que se recebe" da época.

José Bonifácio ironizaria em cartas: "Quem creria possível que, nas atuais circunstâncias do Brasil, havia a grã Pata pôr tantos ovos de uma vez, como 19 viscondes e 22 barões? Nunca o João pariu tanto na plenitude e segurança do seu poder autocrático. Quem sonharia que a michela *(meretriz)* Domitila seria Viscondessa da Pátria dos Andradas? Que insulto desmiolado! Quando esperaria o futriqueiro Carneiro ser Barão, e os demais da mesma ralé? O' meu bom Deus, porque me conservas a vida para ver meu país enxovalhado a tal ponto! E esses bandalhos do governo não veem a impolítica de tal procedimento, que fará pulular novos inimigos à Imperial criança!".

Segundo o historiador Sérgio Buarque de Holanda, "Pedro necessitava de adeptos ou até cúmplices", abusando, assim, da concessão de títulos nobiliárquicos. Além disso, segundo o historiador, haveria entre os brasileiros aqueles que queriam ver o Império "adornado de ouropéis nobiliárquicos". Um terço dos quase mil títulos concedidos pelos dois Pedros no Brasil foi destinado a proprietários de terra escravistas, segundo o historiador Eduardo Silva.

As famílias dos maiores traficantes de africanos foram especialmente premiadas com títulos de nobreza. Das 559 expedições negreiras entre 1811 e 1830, os grupos empresariais Gomes Barrozo, Ferreira, Rocha e Velho da Silva foram responsáveis por 324. O grupo Gomes

Barrozo movimentou, entre 1811 e 1831, 39 viagens de comércio de gente entre África e Brasil, segundo levantamento do historiador Manolo Florentino. João Gomes Barrozo recebeu o hábito da Ordem de Cristo em 1808; quando morreu, em 1829, era comendador. Amaro Velho da Silva era viador (representante em negócios ou espécie de despachante qualificado do rei), alcaide-mor e senhor donatário da Vila Nova de S. José, região central do Rio, além de deputado da Junta de Comércio. Suas filhas eram casadas com comendadores, conselheiros e desembargadores do Paço Imperial e sua mãe, Baronesa de Macaé, era dama de companhia da imperatriz.

    A família Pereira de Almeida é listada pelo mesmo historiador como outra de grande importância no tráfico de gente no Rio de Janeiro, com 23 viagens e 8.875 africanos desembarcados no Rio, entre 1811 e 1831. Os negócios de João Rodrigues Pereira de Almeida, depois Barão de Ubá, atravessam incólumes os reinados, desde Maria I ao primeiro Pedro. Filho de comerciante português, que se dedicava à navegação entre Índia e Portugal, ele chegou ao Rio com o posto de alferes, e prosperou com a vinda da corte de João em 1808. Foi nomeado diretor do Banco do Brasil, deputado da real Junta de Comércio e recebeu a comenda da Ordem de Cristo, entre outras honrarias. Ganhou mais importância quando João virou rei de fato e de direito, em 1816.

    Almeida foi sócio de Antônio Clemente Pinto, outro mercador de gente africana, que ganhou o título de Barão de Nova Friburgo pelo segundo Pedro, em 1860. Em troca de doações, os monarcas presentearam Clemente e Almeida com mercês (benefícios e títulos), junto com alguns dos maiores traficantes, como os membros da família Carneiro Leão, os irmãos Amaro e Manuel Velho da Silva (o primeiro Visconde de Macaé e o segundo, fidalgo e conselheiro da Casa Real).

"O peso econômico do tráfico e de seus agentes pode ajudar a explicar como, apesar das pressões da mais poderosa economia da época, a Inglaterra, foi possível ao comércio de almas subsistir oficialmente até 1831, e de maneira ilegal até meados do século 19", destaca Manolo Florentino, no estudo pioneiro do tráfico de escravizados no porto do Rio de Janeiro.

Na Bahia, o maior proprietário da província, Antônio Joaquim Pires de Carvalho e Albuquerque, era dono de terras que iam desde a atual Praia do Forte até as fronteiras com Minas Gerais e Ceará. Ele ficou conhecido como Barão da Torre de Garcia D'Ávila e Visconde de Pirajá. Foi o primeiro a receber títulos do recém-entronizado Pedro, por ter combatido e expulsado as tropas portuguesas da Bahia, na luta que terminou em junho de 1823. Junto com seus escravizados negros e indígenas, era mais eficiente do que as tropas do mercenário francês Pierre Labatut, contratado por Pedro.

"O empresário traficante", como explica Manolo Florentino, "ampliava seu raio de ação e fortuna não apenas mediante alianças matrimoniais e afetivas. Ele estava ainda profundamente ligado ao estado, ocupando postos de grande destaque a partir dos quais poderia consolidar seu prestígio entre a alta burocracia e alcançar privilégios, tais como arrematação de impostos e sesmarias. Sua enorme capacidade de acumulação, combinada com a intimidade com o poder, permitiam ao traficante obtenção das melhores oportunidades econômicas". Muitos desses cipós que enlaçam a economia e a política no Brasil resistem até hoje.

CONFRARIA DO
FREI TOMÁS

Reza a lenda, reforçada pela propaganda oficial, que os Pedros eram benignos em relação à escravidão e maus eram aqueles que os cercavam. Não é isso o que revela a prática, reforçada depois do fechamento da Constituinte de 1823. A pintura *Família no Rio de Janeiro*, de Jean-Baptiste Debret, artista francês que ficou no Brasil entre 1816 e 1831, é quase uma fotografia dos hábitos na capital nos primeiros anos da monarquia. A tela mostra uma farta mesa, com um casal branco, atendido por cinco escravizados negros. Uma senhora branca oferece migalhas a um menino negro nu no chão da casa. A pintura está exposta no Museu da Chácara do Céu, no Rio de Janeiro.

Cita-se como exemplo de tolerância da monarquia o fato de profissionais de cor serem admitidos na corte. Exemplos que se mantiveram na história brasileira, especialmente para os mestiços, chamados de mulatos, palavra por si carregada de preconceito, que deriva de mula, resultado de cruzamento de jumento com égua. A maioria dos africanos e de seus descendentes eram tratados como animais.

O carinho de Pedro pelas pessoas de pele escura e pelos brasileiros é revelado sem as barreiras dos assessores e da censura nas cartas íntimas à amante Domitila. Para elogiá-la, compôs uma poesia de gosto duvidoso, mas de racismo sincero:

Filha dos césares, imperatriz augusta,
tu abateste altiva soberbia
com que tuas damas de raça ímpia
abater queriam quem delas não se assusta.
Vedes, aristocratas cafres,
quanto custa apezinhar aquela cuja alegria
consiste em amar a Pedro e a Maria,
Titília bela, sua causa é justa.
O mérito, a verdade em todos os países.

Cafres era como os europeus taxavam pejorativamente os negros da África. No seu poema, Pedro mostra como valorizava a linhagem Castro de Domitila, com opacas raízes de nobreza em Portugal. E menosprezava as baronesas e viscondessas que receberam títulos no Brasil, cafres para Pedro. O motivo do poema exaltação fora a desfeita da Baronesa de Campos dos Goytacazes, uma matriarca dos engenhos escravistas, que se retirou do teatro imperial junto com as damas de companhia da imperatriz quando Domitila entrou no recinto.

Ainda hoje, o racismo brasileiro engana acadêmicos americanos e europeus. Pelo critério usado nos Estados Unidos, *one drop*, ou seja, uma gota de sangue negro é suficiente para definir a pessoa como negra. Logo, pela definição americana, mais de 80% dos brasileiros seriam negros, e não faria sentido classificar o país como racista. Mais um motivo equivocado para concluir que o Brasil não é racista.

No Brasil, funciona melhor o critério de outras ex-colônias portuguesas, como identificou a jornalista Joana Gorjão Henriques em suas viagens pela África, registradas no livro *Racismo em português*. Quanto menos escuro, mais é aceito socialmente. Nas ex-colônias, conta ela, valem as diversas nuances de cor, que vão do negro mais escuro ao marrom mais claro. A tonalidade implica diretamente na escala social.

Uma história ilustrativa que a autora narra é a do ex-diplomata André Corsino Tolentino, de Cabo Verde. Só quando ele foi a Portugal estudar é que tomou consciência da questão racial; foi tratado como negro ou não branco. "A tonalidade da pele era um fator importante, portanto, espreitava de vez em quando um espelhinho redondo para verificar se estava a ficar mais branco ou mais negro", diz Joana.

No Brasil, o embranquecimento, além de política de governo nos tempos imperiais, era estratégia de ascensão social. "O Brasil era o inferno dos negros, o limbo dos brancos e o paraíso dos mulatos", dizia o ditado dos tempos da monarquia escravista. Num pequeno livro elogiativo a Pedro, *O rei cavaleiro*, de 1949, o historiador Pedro Calmon não menciona um só ato de benevolência ou de humanidade do monarca galante aos milhares de escravizados pretos que habitavam o país. O pelourinho era um marco do poder: ficava à mostra em qualquer vila que os portugueses se estabeleciam para que ali fossem maltratados quem eles quisessem.

Ao longo da monarquia, há raríssimos gestos de condenação à prisão por maus-tratos a africanos. Ao contrário. D. João perdia a calma quando se falava em fim do trabalho de pretos escravizados. Ele ficava em brasa, *en feu*, diz o historiador Oliveira Lima. Se é que ao filho e ao neto pode-se atribuir algum sentimento antiescravista, também lhes é dedicado o papel de fundadores da "Confraria do Frei Tomás, que tudo prega e nada faz", como dizia o advogado, abolicionista e ex-escravizado Luiz Gama.

A confraria poderia ter como membro honorário o Marquês de Queluz, João Severiano Maciel da Costa, deputado constituinte, servidor fiel da monarquia portuguesa, com pai e avô igualmente funcionários dos Bragança. A ele devem-se textos exemplares da dubiedade em relação à escravidão. Primeiro, declara que "ofende os direitos da humanidade que faz infeliz uma parte do gênero humano e põe em perpétua guerra uns com os outros". Depois, acrescenta: "O comércio de escravos não é tão horrível como pintam seus antagonistas", pois "na África tudo são horrores". E melhor estavam os africanos "transplantados de seus areais ardentes para o belo clima do Brasil, aí empregados no suave trabalho da agricultura".

Entre os maiores proprietários de escravizados brasileiros, há quem lamente a "necessidade" de recorrer à mão de obra africana. O Barão de Paty do Alferes, que chegou a ter mil homens submetidos ao trabalho forçado em sete fazendas no Vale do Paraíba, publicou um manual de como se deve administrar uma fazenda. Embora considere a escravidão um "cancro roedor do Império do Brasil, vê-se a necessidade de continuar-se com esse cancro, cujo preço atual não está em harmonia com a renda que deles se pode tirar". Além do mais, acrescenta, há uma imensa mortandade dos negros, que "devoram fortunas colossais", levando à ruína "honrados e laboriosos lavradores *(fazendeiros)*".

Recomenda o manual: "O escravo deve ser castigado quando comete o crime: o castigo deve ser proporcional ao delito. Fazei, pois, justiça reta e imparcial ao vosso escravo, que ele, apesar da sua brutalidade, não deixará de reconhecer isso". E continuava: "Nem se diga que o escravo é sempre inimigo do senhor; isto só sucede com os dois extremos, ou demasiada severidade, ou frouxidão excessiva, porque esta torna-os irascíveis ao menor excesso deste senhor frouxo, e aquela leva-os à exasperação. A bebedeira, entretanto, deve ser proibida e severamente punida, pondo-os de tronco até lhes passar a bebedeira, castigando-os depois com 20 até 50 açoites".

Em seu manual, com farta distribuição na época, o Barão comentava que "há também senhores que têm o péssimo costume de não castigar a tempo" e deixar acumular os castigos com a justificativa de que o escravo vai pagar tudo junto. "Barbaridade!", exclama o autor, "além de desumano, é prejudicial aos interesses do dono". O Barão recomenda ainda que os pretos possam ir à missa no domingo com roupa lavada e passada e se confessar. "O confessor que sabe cumprir o seu dever os exorta a terem moralidade, bons costumes, amor ao trabalho e obediência cega a seus senhores".

Possuir serviçais escravizados era quase obrigatório no Rio de Janeiro dos anos 1800. Quem não os tinha era considerado pobre. Entre os portugueses amontoados em torno da corte de João e Pedro era algo banal. Numa carta a seu pai, com quem mantinha frequente correspondência, o funcionário do palácio Luiz Joaquim Marrocos, em julho de 1811, acrescentou uma nota de rodapé. "P.S.: Comprei um negro por 93$600" (93,6 contos de réis).

Em outubro do mesmo ano, Marrocos dava a notícia de que "foi enforcado em patíbulo um preto que matara seu senhor. Destes casos acontecem frequentemente, assim como as pretas matarem seus senhores com veneno: o terror é necessário para esta canalha". Sobre o escravizado que comprara meses antes, dizia que estava tranquilo: "O meu preto é manso e tem-me respeito. E mais ainda do meu cozinheiro, a quem dei a liberdade de o castigar quando fosse preciso".

A CORTE MIMADA PELOS ESCRAVISTAS

A longa prática escravista dos portugueses, que fizeram sua primeira incursão à África ainda no século 15, ganhou força depois do desembarque no porto do Rio de Janeiro da família real em 1808. Logo na primeira coleta local, para sustentar os numerosos integrantes da Coroa, o ainda regente João recebeu doações dos 38 homens mais ricos do Rio de Janeiro. Metade deles constava na lista de traficantes de gente da África.

Para se acomodar, a família real recebeu como doação de um dos maiores comerciantes e proprietários de imóveis no Rio, o traficante negreiro Elias Antonio Lopes, a Quinta da Boa Vista, em São Cristóvão. A compra e venda de africanos, assim como o abastecimento dos navios negreiros, eram, de longe, os setores mais prósperos do reino e, mais tarde, do Império. Entre 1811 e 1830, operavam no porto do Rio de Janeiro, no tráfico com a África, nada menos do que 217 comerciantes.

Em frente ao palácio onde funcionou o primeiro governo da família Bragança no Rio de Janeiro, o Paço Imperial, acontecia o movimento de desembarque de mercadorias, incluindo aí africanos, também considerados mercadorias. Eram cenas horríveis, como descritas pelo funcionário da corte Luiz Joaquim Marrocos: "As condições insalubres do Rio eram agravadas pela frequência no porto de imensos navios carregados de negros cheios de sarnas, lepra, febres e outras moléstias contagiosas".

Dois anos depois da chegada ao Rio, o rei determinou a transferência do tráfico para o cais do Valongo e cercanias, a dois quilômetros de distância dos olhos da aristocracia, separado do centro da capital por mangues, matagais e morros. Assim, os recém-chegados da Europa não precisavam ver o espetáculo dantesco de espancamento, doenças e mortes dos negros acorrentados, famélicos, sangrando ou pestilentos.

"Havendo nela *(na terra do Rio de Janeiro)* sempre uma contínua epidemia de moléstias pelos vapores crassos e corruptos do terreno e humores pestíferos da negraria e escravatura, que aqui chega, contando-se cada ano, desembarcaram neste porto 22 mil pretos para cima", escreveu em 1811 Luiz Joaquim Marrocos, recém-chegado de Portugal, com a missão de organizar os papéis e livros da Biblioteca Real.

O viajante inglês Charles James Fox Bunbury descreve o cenário da principal praça do Império, entre 1833 e 1835, que pouco mudou depois da transferência do tráfico para o Valongo, ou seja, anos depois do reinado do primeiro Pedro. "O palácio, que fica em frente ao principal ponto de desembarque, é um edifício sob nenhum aspecto notável, mas logo na frente apresenta-nos uma cena animada e divertida. A variada multidão de diferentes nações e cores, a mistura de marinheiros, guardas, barqueiros, escravos negros, uns levando ou descarregando fardos dos barcos, outros carregando água da fonte, a quantidade de embarcações do porto bem perto e os barcos continuamente entrando ou saindo, mas o mau cheiro do cais tira muito do prazer que de outro modo se experimentaria com tal espetáculo", narra Bunbury.

O naturalista inglês Charles Darwin, pai da teoria da evolução das espécies, ao passar pelo Rio em 1832, testemunhou a cena que classificou de atroz: "O proprietário estava prestes a tirar todas as mulheres e crianças dos escravos homens e vendê-las separadamente no leilão público no Rio (...) Não acredito que o proprietário sequer tinha se dado conta da desumanidade de separar 30 famílias que viveram juntas por muitos anos".

Anos antes, o então príncipe português, João, para preservar sua saúde e a da corte, quis submeter os navios negreiros a inspeções sanitárias, mas os traficantes se rebelaram e ameaçaram desistir do negócio. O provedor de saúde, Manoel Vieira da Silva, alegava que os comerciantes não se importavam com as condições sanitárias da sua mercadoria humana. "Não era o zelo pelo bem público nem da Real Fazenda, mas sim o interesse calculado pela ambição e intolerável ousadia". Os donos de navios e comerciantes de africanos que se recusavam a obedecer à lei mereceram do provedor protestos cabais: "O usurpador, o revolucionário, o assassino, o contrabandista, o falsário e qualquer outro criminoso detestam as leis que os coíbem e punem".

Em 1828, a queda de braço entre traficantes e burocracia acabou com a vitória dos primeiros, que não queriam as inspeções. Resultado: a Provedoria de Saúde foi extinta. Os confrontos entre negreiros e inspetores de saúde no porto do Rio, porém, só acabariam depois da debandada de Pedro do Brasil, em 7 de abril de 1831, data conhecida como Abdicação.

Com as persistentes dificuldades de fiscalizar a extensão do território nacional, mesmo depois da proibição do tráfico negreiro em 1850, o Comendador Breves continuou contrabandeando africanos para suas fazendas pelos portos de Marambaia e da Baía de Angra dos Reis. Chegou a ser processado em 1852, após a apreensão de um de seus navios no porto de Bracuí, próximo a Angra dos Reis, atualmente ocupado por lanchas e iates.

O REINO DA PICARETAGEM

Fechada a Constituinte, exilados os Andrada, Pedro fez um novo arranjo de poder no Brasil em 1823. Convocou outros ministros e auxiliares informais para ajudá-lo. A amante Domitila ampliaria seus poderes na corte nos anos seguintes. A princesa austríaca Leopoldina era quase uma detenta em seus aposentos.

O círculo íntimo de Pedro foi tomado por uma espécie de gabinete das sombras, composto por portugueses, em sua maioria, e militares que serviram ao pai, João. Exemplo típico dessa herança foi o barbeiro de João, um empregado de quarto que estava todas as manhãs com o monarca. Depois que João tornou-se rei em 1816, Plácido Antônio Pereira de Abreu foi promovido a administrador da despensa do palácio, encarregado de adquirir alimentos para o rei e para a corte. Numa ocasião, determinou que todos os frangos da cidade fossem recolhidos para o consumo da nobreza. Depois que as mesas eram atendidas, ele revendia o que sobrava.

A extorsão era tão escandalosa que um grupo de cidadãos enviou uma carta de protesto ao rei. Os suplicantes "se veem na maior consternação possível pela falta de galinhas, pois por dinheiro algum as podem encontrar senão em mãos do galinheiro da Real Ucharia *(o barbeiro Plácido)*", como conta a historiadora Isabel Lustosa. O barbeiro manteve também um negócio de compra e venda de cavalos em sociedade com Pedro, mas o pai soube e mandou parar. Depois da volta de João a Portugal, ele foi promovido a mordomo, tesoureiro da casa imperial, diretor de cozinhas e almoxarife das obras da corte de Pedro.

Com os negócios paralelos, mesmo com as finanças do país em estado lastimável, o proclamador da Independência conseguira acumular dinheiro e até depositar em bancos estrangeiros, segundo testemunho do pintor Jean-Baptiste Debret, próximo da corte e responsável pelos registros em tela de solenidades reais.

Nos tumultuados anos de 1822 e 1823, o jovem Pedro teve a seu lado o militar de carreira José Egídio Gordilho, espécie de ajudante de ordens. Era, segundo o Barão Wenzel von Mareschal, protetor da princesa Leopoldina: "Um homem degenerado, ávido de dinheiro apelidado Quanto Vale?, conhecido vendedor de impunidades". Em casos de dificuldade de negócios, recomendava-se popularmente "procurar o Gordilho".

O mais famoso, entre as más companhias de Pedro, foi o dono de botequim português Francisco Gomes da Silva, apelidado Chalaça, por causa de sua lábia e inclinação para arruaças. Tornou-se faz-tudo de Pedro depois de 1824. "Sua conversação era imprópria para o fazer respeitado tanto pelo lado da moralidade quer pelos talentos", registrou o historiador americano John Armitage. "Depois da dissolução da Constituinte, Pedro obteve o gozo da autoridade livre e suprema, mas isso não serviu para lhe estimular os talentos", segundo o mesmo historiador.

Chalaça, Gordilho e Plácido viraram a troica de Pedro. Domitila e família compunham a equipe de negócios escusos. Entre 1824 e 1826, sem outro poder que lhe pusesse rédeas, o primeiro rei brasileiro governou desta forma. Em seu aniversário de 28 anos, em 12 de outubro de 1826, Pedro criou 23 marqueses, entre esses, a amante Domitila, que tinha o título de viscondessa. Sua filha, Isabel Maria, fruto do romance com Pedro, tornou-se Duquesa de Goiás.

A quem ousasse se opor a Domitila, Pedro usava a pena. No ano seguinte, depois de receber queixas da amante contra ministros dos Estrangeiros, da Justiça, da Fazenda e da Marinha, demitiu todos. Não importava se eram os Marqueses de Inhambupe, de Caravelas, de Baependi e de Paranaguá. Ainda afastou do Palácio de São Cristóvão, a pedido da amante, a camareira-chefe, Marquesa de Aguais; o mordomo, Marquês de São João de Palma; e até o Frei Arrábida, seu tutor desde Portugal. Os três cuidavam de Leopoldina, adoentada e deprimida desde o parto do segundo Pedro, em 2 de dezembro de 1825. Leopoldina veio a falecer em dezembro de 1826, aos 29 anos.

Domitila de Castro Canto e Melo defendeu para si, além do título, cartas de privilégios, isenções e franquias, como descendente de nobres portugueses, e requereu, por uma tortuosa genealogia, dinheiro, moradia e empregados. Ela beneficiou muitos parentes. Os quatro irmãos e um tio progrediram rapidamente como militares. Até um ex-amante de Domitila, D. Francisco de Assis Lorena, escalou a hierarquia.

A irmã mais velha de Domitila, Maria Benedita, casada com Boaventura Delfim Pereira, valeu-se da incontinência sexual de Pedro para satisfazê-lo e beneficiar o marido com o posto de superintendente da Fazenda de Santa Cruz, posteriormente superintendente de todas as fazendas reais e Barão de Sorocaba. Os pais dela tornaram-se Viscondes de Castro; irmãos e outros parentes, barões e viscondes. O ex-marido de Domitila, Felício de Mendonça, foi nomeado administrador da província de Periperi.

Ao lado da Quinta da Boavista, morada imperial, Domitila mantinha um próspero departamento de negócios ilícitos. O soldado alemão Carl Schlichthorst descreve a cena que acompanhou com um francês, capitão de navio, que tivera sua carga aprendida no porto do Rio: "Não me era desconhecido esse caminho para obter decisões da Justiça, embora nunca tivesse tido a honra de me aproximar da todo-poderosa senhora em assunto tão delicado. Conhecia, no entanto, os trâmites de semelhantes negociações e, por isso, acompanhei confiantemente o francês de barco a São Cristóvão. Desembarcamos perto do Palácio da Condessa, que nos recebeu sem demora *(na época, chegava-se navegando até o Palácio da Quinta da Boa Vista)*. Domitila almoçava em trajes os mais caseiros, servida por seu mordomo e algumas camareiras. Expus-lhe minuciosamente o negócio do meu cliente e ela mandou que esperássemos na antessala a solução que seu mordomo nos comunicaria. A resposta não tardou: Sua Excelência dispunha-se a tomar a peito a causa do capitão mediante a soma de um conto de réis, sem, todavia, garantir êxito certo".

Depois de quatro anos de romance, Domitila já perdera parte de seu encanto para o jovem libertino: tinha ciúmes do caso dele com a irmã, Maria Benedita. Em agosto daquele ano, a carruagem que transportava Benedita foi atingida por um tiro de pistola. O incontido amante atribuiu o fato à marquesa e esfriou de vez a relação.

Com a morte de Leopoldina, os enviados da monarquia iniciaram a busca de uma noiva para Pedro. Mas sua fama de arruaceiro, mal-educado e violento era conhecida na Europa, o que retardou a decisão de aristocratas do Velho Continente de mandarem outra princesa para Pedro. Como pré-condição, eles exigiam que Pedro se afastasse de Domitila e das más companhias. Terminaram por encontrar Amélia de Leuchtenberg, uma jovem de 17 anos, de família da baixa nobreza da Baviera, possivelmente necessitada. Domitila não aceitava ser relegada ao segundo plano. Exigia indenizações, mas só se mudaria para São Paulo em 1829, antes do segundo casamento de Pedro.

Além das questões amorosas, o monarca se preocupava com o que se desenrolava em Portugal, seu país natal. Desde a morte de seu pai, em 1826, precisava lidar com o irmão mais conservador Miguel, protegido pela mãe, a espanhola Carlota Joaquina. O interesse de Pedro pelos problemas da pátria lusitana atiçava ainda mais a antipatia dos brasileiros por ele e por seu *entourage* de portugueses. Aumentos de impostos e do custo de vida não contribuíam para sua popularidade. A antipatia popular ao proclamador da Independência só aumentava.

A volubilidade de Pedro não se resumia aos relacionamentos amorosos. Seus ministérios mudaram dez vezes entre 1823 e 1831. Alguns duraram apenas dias. Só os mais sabujos resistiam à sua volta. Até que, em 7 de abril de 1831, ele foi obrigado a deixar o Brasil, rumo a Portugal.

1831: ABDICAÇÃO OU EXPULSÃO?

Antes de ir embora do Brasil, Pedro Bragança deixou um precioso conselho às futuras gerações de bajuladores do poder. Ainda nas águas da Baía de Guanabara, onde permaneceu por cinco dias antes de tomar rumo definitivo para a Europa, ele recusou os pedidos chorosos do seu ex-ministro Francisco Vilela Barbosa, obediente serviçal durante a Constituinte, para que o deixasse segui-lo de volta a Portugal. O monarca foi até grosseiro: "Já trago muita gente nas costas. Por que não roubou que nem o Barbacena?", indagou rispidamente, ainda contando a prataria que levaria consigo e que retardara sua partida.

Pedro se referia ao Marquês de Barbacena, Felisberto Caldeira Brant, acusado, meses antes, pelo intriguento oficial do rei, Chalaça, de ter gastado uma fortuna na viagem a Portugal para levar a princesa Maria da Glória. Vilela Barbosa, o Marquês de Paranaguá, que lhe foi implorar ajuda, era um fiel servidor. Como braço do regente, ajudou-o a fechar a Constituinte de 1823. Oito anos depois, rogava, em vão, a benevolência do arrogante Pedro para embarcar com ele de volta a Portugal, temendo ficar sem dinheiro e sofrer represálias dos brasileiros.

Logo depois da saída de Pedro, em 1831, não por coincidência, foi aprovada a Lei Feijó, que proibia o tráfico e libertava os africanos que desembarcassem após aquela data no Brasil. Diogo Antônio Feijó, autor da lei, era representante paulista na Assembleia Legislativa. Ele liderava a corrente liberal de oposição à monarquia. No dia 7 de novembro, os regentes aprovaram o decreto da Assembleia Geral, proposto por Feijó, que declarava "livres todos os escravos vindos de fora do Império" e determinava penas aos importadores destes escravizados.

A Lei Feijó recebeu o apelido irônico de "lei para inglês ver". A prática de aprovar leis que não funcionavam se repetiria ao longo da monarquia no Brasil. Mas fato é que a lei causava incômodo aos traficantes de africanos. Dava direito às autoridades portuárias de apreender navios.

A luta do advogado negro Luiz Gama nos tribunais de São Paulo, por exemplo, tomou por base essa lei. Mas os escravistas, traficantes e proprietários, procuravam ignorá-la. Gama se baseava na Lei Feijó, em grande parte dos casos, para lutar pela libertação de africanos mantidos presos que tivessem desembarcado depois de 1831.

Anos depois, no mandato do segundo Pedro, em 1869, as práticas escravistas se mantinham. Escreveu Gama: "Em vista do movimento abolicionista que está se desenvolvendo no Império, a despeito do crocodilismo *(hipocrisia)* do imperador e dos inauditos desplantes de seu imoral governo, começam a acautelar-se os corrompidos mercadores de carne humana".

Em 1880, Gama denunciou: "Os atuais donos de escravos, que tamanho alarde fazem do seu direito de propriedade, são portadores convictos de documentos falsos, comprados ou herdados. Esses escravos foram criminosamente constituídos, clandestinamente transferidos, são mantidos em cativeiro, por culposo favor, por conivência repreensível de corrompidos juízes".

O comércio e o apresamento de escravizados continuavam e as barbaridades mais excrescentes eram denunciadas pelo advogado negro aos tribunais. Lidas hoje em dia, causam horror: um negro queimado vivo por ser revoltoso, num canavial em Limeira-SP, a 135 quilômetros da capital; um bebê largado na beira do Rio Tamanduateí, no Centro de São Paulo, possivelmente filho ilegítimo de mulher branca com escravizado; negros que eram libertados pelos donos e depois aprisionados por outros.

O tráfico negreiro era poderoso e enraizado no país. Traficantes com base em Portugal foram perdendo espaço para os que se estabeleceram no Brasil. No século 18, o comércio com Benguela e Luanda era feito diretamente do Brasil, sem intermediação de portugueses. Eram parte importante dos grupos dominantes da colônia, ocupavam postos estratégicos na política para a manutenção e ampliação do tráfico de gente.

O INGLÊS SÓ VIA O QUE QUERIA

A negociação com os ingleses para a abolição do tráfico no Brasil começou ainda em 1808, mas foi sendo adiada pela monarquia, sempre com o argumento de que a economia não suportaria a falta da mão de obra escrava. Tratados com promessas de abolição estiveram muitas vezes na mesa de negociação com os ingleses ao longo do tempo. Na Assembleia Constituinte de 1823, a proposta de abolição gradual foi discutida, mas ignorada na Carta Outorgada de Pedro em 1824. Em 1825, foi feita uma nova promessa do monarca brasileiro aos ingleses. Novo adiamento.

Nos portos do Rio imperial, sempre havia o tradicional jeitinho para introduzir novos africanos escravizados. O historiador britânico Hugh Thomas conta que "um certo coronel Vasques fez da fortaleza de S. João, na entrada do porto, um depósito em que desembarcaram 12 mil escravos entre 1838 e 1839. O comandante da fortaleza de Santa Cruz fez o mesmo. Juízes e policiais que se recusavam a colaborar eram ameaçados de morte, como aconteceu com o juiz Agostinho Moreira Guerra, que pediu demissão em 1834, por ser contra o tráfico".

Outro motivo para adiar o fim do tráfico negreiro no Brasil era o interesse velado de armadores ingleses e americanos que forneciam, por baixo do pano, navios a brasileiros e portugueses envolvidos no comércio de gente entre África e Brasil. Além do mais, o maior interesse dos negociantes britânicos passara a ser o algodão, produzido pelos Estados Unidos e já estocado com mão de obra vinda da África.

Passou a ser importante para os ingleses o fim do tráfico negreiro para o Brasil, porque o açúcar brasileiro era mais barato, produzido por mão de obra escravizada, do que aquele que vinha da Índia, da África do Sul e de outros territórios dominados por eles. Thomas acessou os arquivos coloniais britânicos e afirma: "É conhecido universalmente que a abolição foi uma medida que a Grã-Bretanha tomou, sob o mando da filantropia, mas realmente foi influenciada pela prosperidade das ilhas *(Cuba e outras ainda sob domínio espanhol)*".

Além disso, a abolição do tráfico defendida no parlamento britânico era bastante contraditória com a história recente dos comerciantes do país da rainha: "Muitos ainda lembram que milhares de escravos foram trazidos da África para Cuba, antes de 1807, por firmas como Baker and Dawson, de Liverpool, e vendidos por representantes como Philip Allwood, igualmente britânico", lembra Thomas.

Um navio britânico, o Nimrod, foi contratado em 1836, por dois ricos brasileiros, negros livres, para trazer 150 escravizados em Elmina (Gana), na costa africana. Passou batido pela armada inglesa, incumbida da fiscalização do tráfico acima do Equador, mas tinha poucos homens e era lenta.

Uma das apreensões feitas pelos ingleses na costa da África, depois da lei que aboliu em 1807 o tráfico na Inglaterra, foi a de um navio com 109 africanos, rebatizado de Marquês Romano. Descobriu-se depois que era de Liverpool e tinha o nome de Prince William.

Em 1818, uma força naval expandida mandou Sir George Collier para o Oeste da África, com uma fragata, três barcos menores e dois brigues de canhoneiras para vigiar a costa de Cabo Verde a Benguela, mais de cinco mil quilômetros, com centenas de baías e enseadas. Além da vastidão a ser fiscalizada, o comandante escreveu ao almirantado inglês que havia outras dificuldades. "Quando flagrados, os navios negreiros desembarcavam os africanos nos portos de origem e os obrigavam a dar demonstrações de alegria, como dançar e cantar nas praias", conta o historiador Hugh Thomas.

Collier chegou a ser multado por ter apreendido o navio Gavião, ao norte do Equador, achando que transportava africanos escravizados. Um estratagema dos negreiros era deixar navios grandes e velhos à vista dos ingleses, para escaparem com cargas de viventes em embarcações rápidas. O comandante inglês que o substituiu, Robert Mends, escreveu aos superiores: "O tráfico de escravos não diminuiu. Nem eu vejo como isso possa acontecer com a proteção aberta e declarada da Europa".

O ministro do exterior inglês, George Canning, quando assumiu o posto em 1822, acreditava que dois ou três anos seriam suficientes para limpar os mares dos negreiros. Propôs então aos colegas que boicotassem o açúcar do Brasil, mas a proposta mereceu apenas sorrisos. Para

Canning, o tráfico escravista ficou ainda mais desumano desde a proibição inglesa, por causa dos métodos usados para disfarçar cargas humanas, mesma opinião do Duque de Wellington, no Congresso de Verona, de 1822, na reunião das monarquias e famílias aristocráticas da Europa: "Todas as tentativas de prevenção do tráfico tenderam a aumentar o agregado de sofrimento humano".

Um navio que chegou a Pernambuco em 1844 dava aos escravos um quinto do espaço destinado a um soldado britânico que atravessava o oceano. Metade das embarcações, segundo o mesmo relatório, pertencia a americanos. Representante dos Estados Unidos no Rio em 1844, George Profitt reportou a seus superiores que o tráfico negreiro "é quase inteiramente feito sob nossa bandeira, em navios construídos na América".

Já em 1845, o primeiro-ministro britânico Robert Peel, questionado, não conseguiu negar que havia súditos britânicos envolvidos no tráfico negreiro. Os elevados princípios morais pregados pelos ingleses para combater o tráfico negreiro não importavam em nada quando compravam algodão barato produzido sob chibata por escravizados negros do sul dos Estados Unidos.

No fim dos anos 1840, aumentavam os debates no parlamento britânico sobre tornar mais efetiva a repressão ao comércio de africanos. Como o governo brasileiro parecia fechar os olhos e ceder aos interesses dos traficantes de gente, duas posições extremas se enfrentavam no parlamento: uma falava em guerra contra o Brasil para acabar com o tráfico, outra defendia a retirada da Marinha inglesa da função de patrulheira dos mares por ser cara e ineficiente.

O comportamento mais rígido dos britânicos contra o comércio escravista, nesse fim da década de 40, coincidiu com o aumento da demanda do algodão americano para as fábricas de tecidos inglesas e do uso do barco a vapor. O defensor mais destacado da repressão ao tráfico era Lord Palmerston. Para ele, os traficantes brasileiros deveriam ser punidos com todo o rigor que a lei determinava.

Em 1849, navios ingleses bloquearam em Santos a partida de dois vapores brasileiros, o Serpente e o Providência, que seguiriam para a África. Em 1850, a Inglaterra despachou um grande vapor, Cormorant, para reforçar suas patrulhas contra o comércio negreiro. No mesmo ano, capturou o Santa Cruz, ao sul do Rio de Janeiro, suspeito de ter desembarcado 700 africanos em São Sebastião, litoral norte de São Paulo. O comandante britânico Herbert Schomberg mandou afundar o navio, pelo "terrível mau cheiro". Na mesma época, outro patrulheiro inglês capturou o Paquete de Santos. Em seguida, o Cormorant interceptou a barca brasileira Paulina, que usava bandeira americana.

Os ingleses tinham um espião entre os traficantes de seres humanos, que passava informações sobre partidas e chegadas de embarcações. A ação dos ingleses despertou a ira nacionalista contra a intervenção estrangeira em negócios nacionais. Em junho de 1850, mais um moderno vapor inglês chegou para reforçar a patrulha antiescravista e apreendeu mais dois navios brasileiros, Maltesa e Conceição. As embarcações inglesas entraram também nas proximidades dos portos de Cabo Frio e Paranaguá. Neste último, queimaram em frente ao forte dois navios preparados para o tráfico negreiro, Leônidas e Sereia, que haviam desembarcado 800 escravos.

Os parlamentares brasileiros ficaram na difícil posição de aprovar um enfrentamento aos ingleses, o que seria derrota certa, e criar uma lei para que a fiscalização do comércio negreiro fosse feita pelos próprios navios brasileiros. Corria o boato no Rio de que a Inglaterra iria bombardear a capital. Finalmente, em julho de 1850, os últimos defensores do comércio escravista foram derrotados. Em 4 de setembro, virou lei (mais uma) o projeto de Eusébio de Queirós, que considerava pirataria, passível de apreensão, qualquer embarcação aparelhada para o tráfico, assim como previa punição a comandantes e auxiliares.

ÚLTIMA MONARQUIA DO HEMISFÉRIO

P assavam as décadas e o Brasil permanecia estagnado como uma ilha de monarquia cercada por um mar de revoltas republicanas por todos os lados. As invasões de Napoleão a Portugal e Espanha geraram efeitos inversos nas colônias daqueles dois reinos. As tropas francesas que empurraram a monarquia lusitana com João e toda sua corte para o Brasil deixaram sem rei o restante da América Latina. Isso porque o general Bonaparte prendeu o rei espanhol e impôs no lugar dele seu irmão mais velho, José.

Com isso, os monarquistas perderam fôlego na América Hispânica, mas fortaleceram suas posições no território que iria formar o Brasil. O casamento de Pedro com a princesa Leopoldina, irmã de Ferdinando I, imperador da Áustria, em 1817, deixou a família Habsburgo, aliada dos Bragança, em posição de comando no Brasil. A imensa extensão de terra entre o Oiapoque e o Rio da Prata funcionava como um enclave da aristocracia europeia nos trópicos. O reino da Inglaterra, separado da Europa pelo Canal da Mancha, sempre implicou com os chamados "continentais", aristocratas como os Habsburgo da Áustria. Mas fazia jogo duplo, quando interessava. Prefeririam a monarquia no Brasil a mais uma incômoda república, como sua ex-colônia americana.

Além do mais, na monarquia Bragança, a influência inglesa estava assegurada, herança do sempre subordinado Portugal. Embora pequena, a monarquia portuguesa era pretensiosa. Queria manter a extensa costa entre a atual Guiana Francesa até o Rio de Prata, porta de entrada da grande rota comercial para o interior da América Latina. Por ali, escoara a prata das minas de Potosí, o contrabando de minério e a mão de obra escravizada, que seria usada nos territórios banhados pelos rios Paraguai, Uruguai e Paraná.

No Brasil, a monarquia tentava se manter de pé, mas, nas outras capitais do continente, a população se dividia entre os que queriam a preservação do antigo modelo conservador e os que defendiam o modelo republicano, americano e francês. Em geral, os antigos funcionários da metrópole tentavam preservar os privilégios, ligados aos poderosos locais, enquanto outra parte se rebelava contra a dominação dos espanhóis e buscava apoio na população para a Independência.

Com o bloqueio continental imposto por Napoleão em 1806, a Inglaterra não tinha acesso ao continente europeu e a França não conseguia ultrapassar a força naval inglesa no Atlântico. Assim, as colônias perdiam contato com a Espanha, mas aqueles que defendiam a monarquia continuavam nos seus lugares, na burocracia, nas administrações das capitais dos vice-reinos latino-americanos.

Deflagravam-se, como consequência, lutas internas nas ex-colônias entre monarquistas e conservadores de um lado, e liberais, constitucionalistas e republicanos de outro. Em 16 de setembro de 1810, o México deu seu grito de independência. Até hoje é comemorado naquele país o Dia do Grito, data em que o padre Miguel Hidalgo, considerado pai da pátria mexicana, deu seu Grito de Dolores. Ele conclamou os concidadãos a pegarem em armas contra a elite de espanhóis estabelecida no país, numa luta que duraria 11 anos.

Pedro não foi original com seu Grito do Ipiranga. Não tinha nenhuma multidão para soltar um brado no meio do mato, perto do córrego. Era acompanhado por uma comitiva pequena. No caso mexicano, o padre conclamou seus seguidores, indígenas e descendentes de espanhóis nascidos do lado de cá do Atlântico, a lutar contra os colonizadores. Ele seguiu a corrente de revolta que se espalharia por todo o continente de língua espanhola.

No mesmo ano de 1810, as tropas do argentino San Martin, aliadas a militares peruanos, depuseram os monarquistas da capital do vice-reino do Peru, que abrangia, na época, Bolívia e Chile. Mas a disputa pelo poder continuou depois disso. Na Venezuela, Bolívar começaria a lutar em 1814, mas só em 1819 derrotaria os espanhóis e declararia independência junto com a Colômbia.

Aproveitando-se das agitações independentistas na vizinha Argentina, em outubro de 1811, uma junta militar monarquista declarou a independência do Paraguai, que pertencia ao mesmo vice-reino do Rio da Prata. Em 1816, foi a vez da Argentina proclamar a república, em 9 de julho e, dois anos depois, o Chile. Em setembro de 1821, a América Central declararia sua independência da Espanha. As lutas durariam de 1821 a 1826. Em 1823, o México se tornaria república.

Toda essa agitação nos países vizinhos era acompanhada pelas famílias Orleans e Bragança e Habsburgo, da velha aristocracia europeia. Além das revoltas internas no Brasil, problemas mais urgentes para a monarquia aconteciam na fronteira sul do país. A família da monarquia brasileira tinha presença histórica no Rio da Prata. Comerciantes portugueses com laços na nobreza atuavam em Buenos Aires desde o século 16, no contrabando de metais preciosos e no comércio de africanos.

Em 1680, foi fundada a Colônia do Sacramento, na margem oposta da foz do Rio da Prata, o que contribuiu para a colonização das margens do Rio Uruguai e dos atuais estados do Rio Grande do Sul e de Santa Catarina.

A disputa pela ex-Colônia do Sacramento, atual Uruguai, atraiu Pedro I para a sua grande aventura bélica no Sul, como conta o historiador João Paulo Pimenta: sofreu uma humilhante e desastrosa derrota. Ocupada por Portugal desde 1816, a chamada Banda Oriental (a leste da foz do Rio da Prata), em 1821, foi anexada como Província Cisplatina ao reino de Portugal. Em 1822, Pedro quis manter a disputa.

Os *orientales* (futuramente, uruguaios) continuaram a conspirar para formar seu próprio país. Não queriam ser espremidos entre as ambições de Buenos Aires e do Brasil. Optaram pela guerra. Os combates significavam prejuízo em dinheiro e homens não só para o Brasil, mas também para a Inglaterra, que preferia o comércio do Rio da Prata fora do controle de argentinos ou de brasileiros; apoiava a criação de um terceiro país, que viria a ser o Uruguai.

A maioria da tripulação dos navios, tanto da Argentina quanto do Brasil, dos dois combatentes, portanto, era composta por ingleses. A ponto de o embaixador inglês no Rio de Janeiro, Robert Gordon, declarar em carta que o conflito era entre ingleses: "Na realidade, sob muitos aspectos, a Inglaterra é a herdeira da Espanha e desfruta de uma situação de monopólio". A América Espanhola de 1825 não é certamente igual àquela anterior a 1810.

Os ingleses também apoiavam a independência do Paraguai, para ter sua própria zona de influência entre os descendentes ibéricos dos dois lados do estuário do Rio da Prata. Na ambição da monarquia dos Bragança, a foz do Rio da Prata era o limite sul do império português. Mas não seria fácil mantê-lo. Os habitantes do que viria a ser o Uruguai estavam motivados pelos ideais de independência e por uma reforma agrária decretada pelo general José Artigas em 1811. Gaúchos e portugueses se interessavam pelas terras vizinhas à Colônia do Sacramento, no atual Uruguai, na margem oposta da foz do Prata. E pelas terras férteis entre os rios Uruguai e Paraná, atual província de Entre Ríos, na Argentina.

Era um período turbulento, em que Argentina e Paraguai também lutavam pela independência e pela formação dos seus territórios. Artigas negociou com os ingleses a criação de um estado entre os interesses da monarquia portuguesa e de Buenos Aires. Os argentinos declararam independência da Espanha, em Tucumán, em 1816, e provocaram os portugueses a responderem e mandar tropas para o Prata. Em 1817, a monarquia sediada no Rio de Janeiro mandou seus soldados para a Cisplatina. Artigas fugiu para o interior, onde tentou se rearticular.

No princípio do conflito, os argentinos de Buenos Aires não se interessavam em disputar o outro lado do Rio da Prata e até viam com bons olhos os esforços portugueses para afastar Artigas e seus rebeldes. Em 1821, no ano da turbulência das cortes portuguesas, a Província Cisplatina foi novamente anexada ao Reino Unido de Portugal e Algarves e, depois, ao Império do Brasil. Mas os uruguaios reagiram e, em 1825, declaram-se independentes do reino de Portugal "y cualquier otro del universo". Em 1826, Pedro respondeu com a declaração de guerra, junto com os argentinos. No ano seguinte, o exército enviado por Pedro sofreu um forte revés em Ituzaingó (Passo do Rosário, no Brasil): 333 mortos e feridos do lado brasileiro. O comandante das Forças Nacionais, general Marquês de Barbacena, deu ordem de retirada.

Argentinos e uruguaios festejaram a batalha como vitória, mas também sofreram muitas baixas. O próprio comandante militar dos argentinos, general Carlos Maria de Alvear, foi criticado por seus compatriotas e pediu demissão ao voltar a Buenos Aires. Depois, recebeu homenagens como herói, virou nome de bairro e hotel de luxo. Mas seu papel foi controverso. A essa altura, a guerra era ruim para Buenos Aires, para Montevidéu e para os ingleses. Para o Brasil, gerou gastos pesados no início de um governo desorganizado e já endividado. O exército brasileiro também se revoltou contra os comandantes destacados por Pedro, todos portugueses.

Chegou-se a um acordo de paz em 1828, com vantagem para os ingleses. O Uruguai foi proibido de ter Marinha por vários anos, o que assegurou ainda mais liberdade aos comerciantes estrangeiros. O general Artigas recolheu-se ao interior do país, onde morreu no anonimato.

Os gastos com a guerra malsucedida aumentaram a impopularidade de Pedro no Brasil. O jovem rei precisava de mercenários para sua guerra no Sul. Em 1824, pediu ao emissário da Coroa à Europa, major Georg Anton von Schaffer, três mil jovens alemães solteiros, que se incorporaram ao exército. Em 1828, chegaram ao Rio de Janeiro 2.400 irlandeses, vaiados no porto pela população cansada de guerra. Eles sofreram maus-tratos dos oficiais portugueses e atrasos de salários. Naquele ano, em 9 de junho, foi ordenado um castigo a um jovem alemão que não havia prestado continência a um oficial da tropa nacional: 250 chibatadas diante da tropa de 500 soldados.

Depois de usar mais de 200 vezes o chicote, a tropa se rebelou, atacou o oficial e queimou a sua casa. Dois dias depois, 14 soldados alemães atacaram o posto policial do Campo de Santana, onde estava escondido o major que comandara o chicoteamento. Mataram seis policiais. Alemães e irlandeses continuaram os saques e assassinatos. Mais de 50 casas foram destruídas e seus ocupantes, mortos ou mutilados. O ministro da guerra, Bento Barroso Pereira, apelou a voluntários e escravizados para reprimir os estrangeiros: "Matem todos!", ordenou. No fim de três dias, 150 mercenários estavam mortos e um número maior de brasileiros. Só em julho a situação voltou ao controle. Os irlandeses foram embarcados de volta num navio francês.

No saldo final, a Campanha Cisplatina teria custado 30 milhões de dólares da época (cerca de 600 milhões de dólares nos valores atuais) e oito mil vidas. Neste período, a moeda brasileira, o mil-réis, desvalorizou-se quase três vezes em relação à moeda inglesa: passou de 67 pence (centavos da libra inglesa) para 27 pence, "em consequência das despesas militares, da corrupção e da má administração financeira", conta John Schulz, autor do livro *A crise financeira da abolição*.

Como o rei João havia limpado os cofres do Banco do Brasil no retorno a Portugal em 1821, o filho mandou o banco emitir cédulas de papel sem qualquer lastro. Em 1829, o Banco do Brasil decretou falência. Durante toda a década de 1820, o banco recorreu a emissões de papel-moeda, especialmente em 1828, quando o estoque em circulação cresceu mais de 60%. O recurso de emitir papel pintado como dinheiro foi utilizado repetidamente no Brasil até 1994, quando a inflação se estabilizou, com o Plano Real. A população sentiu no bolso a desvalorização da moeda e a falta de gêneros – mais combustível para a insatisfação, expressa nos jornais da época, com o recém-coroado imperador.

Contratado para lutar na Província Cisplatina do lado brasileiro, o militar alemão Carl Seidler não simpatizou com o jovem príncipe, que fazia questão, segundo seu relato, das mesuras e do beija-mão. Era o costume na monarquia portuguesa. Em seu livro sobre os anos que passou no Brasil, Seidler chamou o regente de "Pedro burro, impetuoso, mas dotado de pouca acuidade intelectual".

Ele deslumbrou-se com a natureza da Baía da Guanabara, mas decepcionou-se com o espetáculo dos negros acorrentados que viu passar ao lado de seu navio, cena que "destruiu todos os sonhos idílicos". Segundo ele, o Brasil era "a terra da fantasia e da insensatez, o estado imperial de um arlequim multicolorido que, com sua vara de condão, transforma ouro em papel, pão em pedra e homens em animais". Um retrato cruel do país que conheceu.

EUROPA EM POLVOROSA

A Áustria, onde nasceu Leopoldina, é hoje um pequeno país, com pouco peso no cenário internacional. Viena, sua capital, é mais lembrada pela música do que pela importância política. Mas, em determinado momento da história, dominava, por laços familiares ou diretamente, um território que ia de Portugal à Hungria e República Tcheca, passando por partes importantes da Alemanha e da Itália.

Nos anos 1822 e 1823, o Brasil era o braço transatlântico das aristocracias europeias que queriam voltar ao poder. A Áustria tinha influência direta no que se passava no Brasil. Enquanto Pedro foi casado com a princesa Leopoldina, os poderosos Habsburgo apoiaram o cavaleiro do Ipiranga. Depois da morte da filha do imperador Francisco I, em 1826, a Áustria retirou seu apoio ao monarca brasileiro. Passou a apoiar o irmão de Pedro, Miguel, que ambicionava o trono português.

O príncipe de Metternich, no momento da Independência, era o principal articulador da Santa Aliança, acordo militar entre as aristocracias da Prússia, Rússia e Áustria – sob as bênçãos do papa e da Grã-Bretanha –, para derrotar Napoleão e suas ideias republicanas. Ele era o destinatário da intensa correspondência do Barão Wenzel von Mareschal, citada no início deste livro, enviado como protetor da princesa Leopoldina e dos interesses de sua família, Habsburgo.

O confronto entre monarquias absolutistas de um lado e republicanos e constitucionalistas de outro se constituía na disputa do século. Republicanos e constitucionalistas queriam colocar limites no poder e nos gastos da nobreza e da Igreja. Napoleão, que ajudou a espalhar os ideais republicanos pelo continente, acabou preso como um prêmio para as aristocracias mais conservadoras. Ele ficara enfraquecido com a derrota na campanha da Rússia, em 1812. O czar adotou uma tática cruel, porém eficiente: oferecia pouca resistência às tropas de Napoleão, mas queimava as cidades, as colheitas, os rebanhos, para matar de fome os soldados que avançavam. No chamado General Inverno, as temperaturas congelantes na Rússia aniquilaram as tropas de Napoleão. A mesma tática viria a ser usada, também com sucesso, pelos russos contra os nazistas na Segunda Guerra Mundial.

Estima-se que morreu perto de meio milhão de soldados franceses na Rússia. E os que sobraram não voltaram para casa felizes. As bases populares de Napoleão na França vinham sofrendo erosões. Em 1813, suas tropas invadiram a Prússia, ao norte, mas não conseguiram derrotá-la. O orgulhoso comandante das forças francesas, que se havia coroado rei (para decepção dos republicanos mais ardorosos), abdicou em 1814. Assinou um armistício e foi exilado na Ilha de Elba.

As famílias das aristocracias europeias tinham pressa para reaver seus tronos. Estavam dispostas a dividir a Europa e o mundo entre si, além de cobrar pesadas dívidas de guerra à França. Naquele mesmo ano, organizaram o Congresso de Viena. A família anfitriã do evento era a Habsburgo, de Leopoldina, mulher de Pedro. Leopoldina era irmã de Maria Luiza, que em 1810 casou-se com Napoleão. Era um acordo em que o imperador austríaco aceitava o matrimônio de sua filha e, em troca, Napoleão poupava a Áustria de seus ataques. Pedro era, portanto, concunhado de Napoleão. E seu admirador, segundo alguns historiadores.

A mudança dos ventos na Europa e a queda de Napoleão tiveram vital influência nos destinos do Brasil e da América Latina. Antes, o general corso, chefe das tropas da França, influenciara decisivamente a história do Brasil ao afugentar João, família e cortesãos para o Rio de Janeiro em 1808.

Enquanto os nobres se divertiam e banqueteavam em Viena, depois da derrota de Napoleão, no Congresso de 1815, a família Bourbon, com representantes nos tronos da França, Espanha e parte da Itália, ansiava por reaver suas colônias ao redor do planeta. Mas os Estados Unidos, que derrotaram os ingleses, não concordavam. Em dezembro de 1823, o presidente americano, James Monroe, traçou uma barreira imaginária no Atlântico contra as intenções da velha aristocracia europeia. Quando declarou "América para os americanos", sinalizou um "nem-vem-que-não-tem" aos monarcas desejosos em recuperar as colônias. Foi um novo Tratado de Tordesilhas, só que, em vez de dividir o mundo entre Espanha e Portugal, como em 1494, partilhava-o entre Europa, excluindo o Reino Unido, e os Estados Unidos.

Os ex-colonizadores britânicos apoiaram a nova divisão, porque mantinham, havia décadas, prósperas relações comerciais com o Brasil e outras ex-colônias. Além disso, a Marinha britânica era a única com capacidade de patrulhar o Atlântico. Os diplomatas britânicos fizeram jogo duplo no Congresso de Verona, que reunia as monarquias continentais mais poderosas (França, Espanha, Rússia e Prússia, além do Reino Unido), adulando os nobres do continente e mantendo fortes vínculos comerciais com os americanos. Era interesse comum, entre Estados Unidos e Inglaterra, a exploração das terras que pertenceram ao reino da Espanha.

Alguns anos antes, em 1819, os americanos haviam anexado a Flórida. Depois, expandiriam seu domínio pelo Caribe e pela Ásia (Filipinas), às custas das ex-colônias hispânicas. Em outra frente problemática para os Estados Unidos, a racial, Monroe apoiou a compra de terras na África, a atual Libéria, ainda em 1821, para onde pretendia mandar de volta os escravizados levados para a América. O projeto não deu certo: apenas um pequeno número de descendentes de africanos quis voltar. Entre os que retornaram, alguns morreram de malária e enfrentaram a rejeição dos habitantes locais. Atualmente, só 5% da população da Libéria são de ascendência americana. Libéria, cuja capital Monróvia é uma homenagem a Monroe, continuou como mais um dos muitos pequenos países pobres e instáveis do continente.

Os projetos das aristocracias na reunião de Verona, de fazer a roda da história voltar para trás, aos velhos tempos em que as famílias reais eram representantes de Deus na Terra, donas de gigantescas extensões territoriais e de gente, não seriam realizados. As tropas de Napoleão haviam espalhado pela Europa o vírus republicano e os ideais de Liberdade, Igualdade e Fraternidade.

O VÍRUS REPUBLICANO

O confronto entre os ideais republicanos, liberais, constitucionalistas de um lado e monarquistas absolutistas de outro movia as discussões da Constituinte de 1823 e reproduzia os embates que ocorriam no mundo inteiro. De um lado estavam os que pregavam liberdade para os cidadãos e freio às aristocracias; apregoavam os direitos universais do homem, da cidadania, a atenção à ciência, acima das regras ditadas pelas religiões e monarquias. De outro, os que queriam manter a ordem aristocrática como vigorava antes das guerras de Napoleão.

Ainda não tinham terminado os anos 1700, e as inquietações sociais, impulsionadas pelas fortes mudanças econômicas movidas pelas máquinas da Revolução Industrial, ultrapassavam o oceano. Do lado de cá do Atlântico, os Estados Unidos iniciaram em 1776 a luta pela independência do colonizador europeu, no caso a Inglaterra. Foram seguidos pelo Haiti, no Caribe, em 1791. Nas primeiras décadas dos 1800, da América do Norte até a Patagônia, as populações lutavam por independência e pela república.

A solitária exceção era o reinado sediado no Rio de Janeiro, com pretensões de dominar a costa oceânica do Brasil. Era o único ainda ligado por laços familiares a uma monarquia da península ibérica, em cujo extremo ficava Portugal. Mas os movimentos liberais, republicanos, constitucionalistas e antimonarquistas sacudiram toda a Europa, sem poupar Espanha e Portugal. O período entre 1789 e 1848 é caracterizado pelo historiador Eric Hobsbawm como a Era das Revoluções. Os acontecimentos na Europa e nos Estados Unidos repercutiram no Brasil: a sublevação de Minas Gerais, conhecida como Inconfidência, estava perfeitamente sintonizada com os idealistas americanos e franceses.

A revolução, iniciada com a Queda da Bastilha em Paris em 1789, havia divulgado, para além de suas fronteiras, o sufrágio universal, a soberania da nação, instituições eficientes, burocracia centralizada acessível a todos os cidadãos, ordem social, estabilidade política, liderança forte e orgulho militar. Tais ideias foram levadas por toda a Europa pelas tropas de Napoleão Bonaparte, que contava para reforçar seus exércitos e suas vitórias militares com promessas de vida melhor aos camponeses e cidadãos urbanos. "Durante sua vida *(de Napoleão Bonaparte)*, o mundo escapou de seu controle, mas, com sua morte, ele conseguiu isso", escreveu o nobre francês François-René de Chateaubriand.

Embora a França republicana tenha sido vencida na Batalha de Waterloo, em 1815, não estava pacificada internamente. Republicanos e antimonarquistas não desapareceram da sociedade francesa. Os países vizinhos ocupavam nacos do território francês ao norte e a oeste, que pertenceram antes às aristocracias. Grande parte da população vivia miseravelmente e não aceitava o retorno ao passado monarquista depois da derrota de Napoleão. A natureza colaborou para a insatisfação popular. Uma grande explosão do vulcão Tambora, numa das ilhas da Indonésia, em 1815, a maior registrada na história, deixou os céus da Europa encobertos por espessa fumaça por anos a fio.

Até 1817, a Europa teve as piores colheitas registradas na história. Doenças se espalhavam junto com hordas de mendigos. Foram anos de fome, invernos rigorosos e inundações. Populares organizavam saques por todo o continente. Uma descrição do cenário da hoje próspera e orgulhosa Suíça é arrepiante. O fim do império napoleônico significara também o fechamento do comércio com a França, agravando a miséria da população. "É horrível ver com que avidez homens esqueléticos devoram as coisas mais asquerosas: cadáveres, urtigas, comida que disputam com os animais", descreveu um pastor em 1817.

Não por acaso, milhares abandonaram o país. Cerca de dez mil foram para os Estados Unidos; na primeira leva migratória, artesãos e trabalhadores fabris. Dois mil embarcaram em navios para tentar a sorte no Rio de Janeiro. Os sobreviventes de viagens, que duravam até três meses, fundaram a atual cidade de Nova Friburgo, na Região Serrana fluminense.

Luís XVIII, da família Bourbon, voltou ao poder na França, em 1814, mas sob o regime constitucionalista. Fugiu de novo depois que Napoleão escapou da Ilha de Elba e governou a França por cem dias, até ser derrotado pelos ingleses. O rei Luís reassumiu o poder, mas os tempos eram outros. Os monarquistas queriam vingança dos republicanos e vice-versa. Em 1820, um dos herdeiros da monarquia, Carlos Fernando de Artois, Duque de Berry, casado com uma Bourbon, portanto parente de Pedro, foi assassinado por um republicano ao sair da Ópera de Paris, despertando mais uma onda de ódio.

Não era um bom presságio para os aristocratas que pretendiam manter ou reaver tronos mundo afora. Do outro lado do Atlântico, João, Carlota, Pedro e Leopoldina recebiam notícias com atraso de cerca de dois meses e temiam por suas cabeças.

Ao sul da França, Vittorio Emanuele I, que voltara do exílio para reinar no Piemonte e na Sardenha, também não teve vida tranquila: revogou as leis liberais e reinstituiu os antigos privilégios monárquicos: entregou a censura aos jesuítas e devolveu terras à Igreja. Mas logo em 1815, no reino Duas Sicílias, vizinho ao seu, grupos intitulados Carbonari se revoltaram em Nápoles e forçaram o rei Ferdinando I a adotar uma Constituição liberal.

As turbulências se espalharam pela península italiana. Em 1821, a bandeira tricolor dos republicanos foi hasteada em quartéis do Piemonte, amedrontando o rei Emanuelle, que abdicou em nome do sobrinho, o ultraconservador Carlos Felice, até então vivendo em Modena. Antes que ele voltasse, o Conde de Santarosa, um dos líderes dos libertários, organizou a invasão da Lombardia, dominada pelos austríacos, que tentavam impor o alemão como língua oficial, gerando mais revolta na população. No mesmo ano, os austríacos decidiram reagir e enviaram forças militares para derrotar os rebeldes italianos. As ideias dos Carbonari se espalharam pela Suíça, Polônia e Rússia, motivando ações contrárias. Em janeiro de 1822, a Grécia também se revoltava e declarava independência do império otomano.

As rebeliões se espalhavam por todos os lados das imensas terras, mal delineadas, que ainda não haviam se tornado Brasil.

O CANCRO DO ATRASO

O primeiro príncipe e rei brasileiro, assim como o segundo, patrocinou um longo apagão na economia brasileira. Mereceriam, além dos galardões de nobreza, os títulos de artífices do atraso. O golpe contra a Constituinte de 1823 e a promulgação da Outorgada, de 1824, amarraram o país numa teia de leis, burocracia e promiscuidade entre os poderes e a elite econômica, ainda hoje difícil de deslindar.

Nada surpreendente, já que grande parte da população era escravizada e só se produziam bens agrícolas neste lado do mundo. O período entre 1822 e 1889 foi marcado por um desempenho econômico desalentador. Já a Europa e os Estados Unidos viviam um tempo de crescimento econômico e de grandes invenções, que transformariam aceleradamente as sociedades para o bem e para o mal.

Em 1889, a França exibia orgulhosa seu prodígio de engenharia, a Torre Eiffel, emblema de uma feira internacional organizada para celebrar os cem anos da revolução que decapitou a monarquia. O país armou um palco para mostrar ao mundo suas modernidades. Os Estados Unidos apresentaram os inventos da lâmpada, da distribuição elétrica e do telefone; a Alemanha, seus carros Daimler Benz; a Inglaterra, os trens de ferro. Já no estande do Brasil, só açúcar, café e tabaco.

Mesmo vizinhos latino-americanos, que adotaram a república, tinham renda per capita maior que a do Brasil em 1900: Argentina, Uruguai, Chile, México, Venezuela e Colômbia. Embora os números da época não sejam muito exatos e as estimativas imprecisas, é fácil constatar que o peso da parceria monarquia-escravismo fez a economia brasileira largar muito atrás da de outros países para, essencialmente, alimentar uma elite muito rica. O Brasil ainda teve que carregar um endividamento que drenava suas riquezas, que passou de banco em banco ao longo do tempo. Os cinco milhões de libras esterlinas de dívida com a Inglaterra de 1822 sextuplicaram até 1890, no fim da monarquia, segundo Marcelo de Paiva, Luiz Aranha e André Arruda, autores do livro *A passos lentos*.

Na virada do século 19 para o 20, o Império legou uma população com 85,2% de analfabetismo. Em 1880, o Brasil tinha 43 fábricas têxteis, principal produto industrial da época, com 3.600 trabalhadores. Nos Estados Unidos, eram 7.456 fábricas têxteis com 172.541 trabalhadores. Em 1854, o Brasil somava 14 quilômetros de estradas de ferro, outro progresso que movimentou o século; nos Estados Unidos, eram 27 mil quilômetros de trilhos.

Por outro lado, a burocracia estatal era "mastodôntica, monumental, aparatosa, pesada, com aristocratas improvisados, servidores nomeados e conselheiros escolhidos, sobreposta a um mundo desconhecido, calado, distante", como diria Raymundo Faoro, autor de *Os donos do poder*. A referência aos anos 1800 soa atual.

Sobre a mão de obra escravizada, o francês Alexis de Tocqueville, escreveu em seu clássico *A democracia na América*: "Existe um mal que penetra no mundo furtivamente, é deposto como um verme maldito em algum canto do solo. Depois, nutre-se de si mesmo; estende-se sem esforço e cresce naturalmente com a sociedade que o recebeu: este mal é a escravidão".

A república chegou tarde ao Brasil e trouxe vícios do escravismo, sentidos até hoje. Mesmo o Partido Republicano brasileiro nasceu na mão de escravistas. Em 1873, o partido realizou sua primeira convenção em Itu, a cerca de cem quilômetros da capital paulista, cidade do rico fazendeiro de café João Tibiriçá Piratininga de Almeida Prado, um dos grandes articuladores do movimento republicano e dono de extensa escravaria.

Assim como os fundadores da república nos Estados Unidos da América, no Brasil os republicanos não pareciam ver contradição entre a *res publica* (coisa do povo, em latim) e o povo negro escravizado. Entre os 133 homens que compareceram à inauguração do Partido Republicano brasileiro, 78 eram fazendeiros. Naquela altura, Itu, em São Paulo, tinha 10.821 habitantes, sendo 4.425 escravizados. Um dos participantes da convenção, Campos Salles, que presidiria o Brasil entre 1898-1902, só libertou seus cativos poucos anos antes da abolição. Manuel de Morais, irmão de outro futuro presidente da República, Prudente de Morais (1894-1898), também presente na convenção, faria o mesmo perto do 13 de maio. Não para libertá-los, mas para vendê-los a outro fazendeiro.

Foram esses republicanos que mandaram na República Velha, entre 1889 e 1930, também apelidada de República do Café com Leite, em função de os presidentes serem alternadamente indicados por paulistas e mineiros.

Não foi por rabugice que o advogado negro e ex-escravizado Luiz Gama – que defendia os ideais republicanos e participara das primeiras reuniões para a formação do partido – decidiu se afastar com a criação do partido sob os auspícios de fazendeiros donos de escravizados. Seus textos abolicionistas, radicais, como o próprio Gama dizia, eram considerados provocativos pelos republicanos escravocratas.

Eles foram ridicularizados por Luiz Gama. Rafael Tobias de Aguiar, filho do casamento da Marquesa de Santos com o brigadeiro Tobias de Aguiar, reclamava do advogado e admitia sem qualquer disfarce que "mandou tosquiar os cabelos *(de um escravizado)* e aplicar-lhes seis dúzias de palmatoadas para curá-lo da mania emancipatória". Pelos jornais, o brigadeiro respondeu e ainda defendeu o direito de espancá-los: "Tenho mais escravos e hei de castigá-los sempre que merecerem". O sobrenome Tobias de Aguiar, vale lembrar, batiza o hoje violento destacamento da Polícia Militar paulista, a Rota (Rondas Ostensivas Tobias de Aguiar).

Nos países onde a população negra avançou mais que no Brasil nos espaços de poder, como os Estados Unidos, os historiadores de origem africana ou não tentam resgatar pedaços silenciados da história. É o caso do suplemento do jornal *The New York Times*, intitulado "1619", dedicado à história negra no país. A data do título foi escolhida em referência ao primeiro desembarque de escravizados no litoral americano: negros traficados do litoral angolano pirateados de um navio identificado pelos ingleses como espanhol ou português, pelo nome São João Bautista.

No Reino Unido, que proibiu o tráfico escravista em 1807, só recentemente se decidiu tirar esqueletos do armário, além de derrubar estátuas de notórios traficantes. O jornal *The Guardian* começou a publicar em 2023 a série *The Cotton Capital*, um mea culpa dos fundadores do jornal, proprietários de fábricas têxteis no século 19, que usavam o algodão produzido no sul dos Estados Unidos por mão de obra escravazida.

Além do "verme maldito" da escravidão, descrito por Tocqueville nos Estados Unidos, um pensador brasileiro, Manoel Bomfim, identificou praga semelhante no Brasil. Ele suga como um carrapato o sangue do país, até que seu ventre chegue a proporções enormes e o cérebro fique diminuto. No Brasil, um pouco antes da Lei da Abolição, um ilustre descendente dos barões do café de São Paulo, o médico Domingos Jaguaribe Jr, escrevia em tom profético: "Os erros dos negociantes negreiros, nós os vemos, os sentimos ainda hoje. Os homens daquele tempo sacrificaram o futuro deste país à avareza, à ambição, ao mal-entendido espírito de conquista".

LOROTAS DA INDEPENDÊNCIA

Cada país inventa seus próprios mitos: Washington e os pais fundadores para os americanos, Napoleão para os franceses, Churchill para os ingleses. Todos eles tiveram suas fraquezas e contradições históricas, mas servem para glorificar o passado e agregar a população em torno de ícones comuns. No Brasil, porém, o mito criado em torno do primeiro Pedro, da monarquia e da Independência, além do apagamento do escravismo, tem prejudicado a compreensão do Brasil.

Muitos países passam muito bem sem Independência para comemorar. E não sentem falta disso. A Austrália é um caso exemplar. Comemora-se o Australian Day no dia 26 de janeiro, data do estabelecimento da primeira colônia penal inglesa em Sydney, em 1788. Para os povos nativos, dizimados depois da chegada dos ingleses, é dia de protesto. O país tem um dos mais altos índices de desenvolvimento humano (IDH) do mundo, ranking que considera renda, educação e saúde.

Na América, e em quase todos os demais países, comemora-se a vitória nas lutas pela libertação contra o colonialismo. Diferentemente dos vizinhos hispânicos, que lutaram pela Independência nos anos 1820/1821/1823, na Ilha de Cuba os donos dos engenhos de açúcar e os traficantes de africanos optaram por não romper com a Espanha. Não por coincidência, Cuba disputa com o Brasil as últimas colocações na data de abolição formal do escravismo no Ocidente: a ilha terminou com a submissão dos negros à degradação desumana em 1886, dois anos antes de nós. No Brasil, reforçou-se a propaganda do 7 de setembro como o Dia da Independência, sem que tivesse havido guerra contra o colonizador.

Passam-se anos, governos, presidentes, chega-se ao novo milênio e a história oficial brasileira continua repetindo uma sequência de datas disparatadas e homenagens a ícones contraditórios. Omite-se ou reduz-se o dado essencial para se entender o atraso econômico, político e social do país: mais de 300 anos de promiscuidade e simbiose entre monarquia e escravidão.

Um Constitucionalismo farsesco, em que o monarca reinava e mandava, foi seguido por uma República de fachada, dominada por latifundiários com práticas semi-escravistas. Com isso, elitismo, racismo e até casos de escravismo mostram-se ativos ainda em pleno novo milênio. A memória nacional parece ter sido propositalmente embaralhada por interesses ocultos. Como disse a escritora Susan Sontag: "Primeiro confundem as memórias, para depois dominarem as mentes".

O historiador americano Peter H. Wood é mais enfático sobre escravidão e seu esquecimento na história: "As nações precisam controlar a memória nacional, porque modelam seu formato, forjando o entendimento dos cidadãos sobre o passado".

Já no novo milênio, continua-se a ouvir as mesmas lamentações de políticos e economistas sobre excesso de centralismo, burocracia, injustiça, desigualdade, como se estivessem fora do Brasil. Ignoram a monarquia, que se refugiou por aqui, criou uma relação promíscua entre estado e elite, que prolongou o escravismo até onde não pôde mais. Os monarcas portugueses que se transfixaram nos trópicos, nos tempos de formação do que seria o Brasil, deram um nó no país e o deixaram amarrado ao passado absolutista, burocrático e escravocrata.

As festas promovidas pelas monarquias não só renovavam a tática romana do "pão e circo", como eram uma demonstração e afirmação de poder. Por isso, diz a historiadora Lilia Moritz Schwarcz, logo após o famigerado 7 de setembro, pouco se falou de conflitos e mais se assegurou a "lógica das festas". Tratou-se logo de reencenar o modelo de "bem ostentar e festejar para melhor assegurar".

Reinaugurado com pompa em 2022, em comemoração ao bicentenário da Independência, o Museu do Ipiranga-USP recebeu os visitantes nas escadarias de entrada com estátuas dos principais bandeirantes paulistas. Numa das imagens da parede, na escadaria de entrada, um único negro, em posição submissa, mostra uma bateia de mineração a um altivo senhor branco, como ícone do "ciclo do ouro". Modernas e bem-organizadas salas do "mundo do trabalho" representam orgulhosas o nascimento da indústria paulista, dos artesãos, dos imigrantes no café.

Não mostram, em nenhum momento, o trabalho dos africanos escravizados na província. Apagados mais uma vez, eles eram em torno de 90 mil numa população de 306 mil da província de São Paulo, na época da Independência, portanto, mais de um quarto dos habitantes, que produziam sob o chicote as riquezas da província. Parte da confusão nas aulas de história deve-se à misturada de ideais, heróis, monarquistas e republicanos. Como se as duas palavras, monarquia e república, fossem esvaziadas de seus significados e, portanto, intercambiáveis ou equivalentes numa sessão de decoreba: primeiro uma, depois a outra ou vice-versa.

Entre 1815 e 1825, travava-se não só aqui, mas em toda a América Latina, nos Estados Unidos e na Europa, a luta definidora entre monarquistas absolutistas e republicanos ou constitucionalistas. Com muito atraso, só em 1889, a república começou no Brasil, e de forma pouco republicana. Em seu comando, um adoentado e envelhecido marechal monarquista: Deodoro da Fonseca, irmão do Barão de Alagoas, parente do Barão do Rio Apa e primo do Visconde de Maracaju. Morreu menos de três anos depois. "Faltou o povo" na Proclamação da República, diz o professor José Murilo de Carvalho. As primeiras décadas do regime republicano foram conduzidas pela mesma elite de latifundiários que sustentou o Império.

Nas lições escolares, confunde-se um herói enforcado e esquartejado por defender ideias republicanas, como Tiradentes, e outro fuzilado, como Frei Caneca, com o primeiro Pedro, que viveu em seus nobres confortos e excessos, sem nenhum ato de heroísmo na defesa do Brasil ou gesto na proteção dos pretos escravizados. O jovem português que se cobriu com o manto de imperador aos 24 anos presta-se bem a tal ambiguidade. Nosso primeiro herói sem nenhum caráter, como bem o caracterizaria a historiadora Isabel Lustosa, tomando de empréstimo o que disse Mário de Andrade sobre Macunaíma.

Pedro foi mal criado por pais pouco presentes, mãe adúltera, tutores relapsos e aduladores interesseiros. Habituado, como qualquer menino nascido em berço de ouro, à ausência de limites, oscilou entre crenças, promessas e arbitrariedades. Seu despreparo, como o de muitos aristocratas de casas europeias, levou-o a oscilar entre a mais completa depravação, negócios escusos, um trato afável com os amigos e alguns gestos de simpatia pelo país.

Esse personagem contribuiu para turvar a imagem que os brasileiros fazem de si mesmos e do país. Heroico, como querem seus panegiristas, ou sem caráter, cercou-se de pessoas de índole duvidosa e comprovada mediocridade. O fechamento da Constituinte expressou a opção explícita pelo escravismo como fundamento econômico do país. Foi uma aliança política que fez do Brasil uma das monarquias não parlamentaristas mais longevas do mundo. Será coincidência que ainda hoje estejamos vivendo numa sociedade que recebe títulos nada lisonjeiros de desigual, injusta, a menos educada, mais disfuncional etc.? Ou "um monumento de injustiça social", como escreveu Eric Hobsbawm em seu livro *A era das incertezas*.

O entrelaçamento da monarquia e das elites econômicas com o tráfico negreiro é essencial para entender a formação das nossas instituições e do nosso povo. Como diz o historiador David W. Blight, ganhador do Prêmio Pulitzer, referindo-se à história civil americana, nossa "gloriosa lembrança é sempre superada por um ainda mais glorioso esquecimento". Vale para o Brasil, com presença meramente simbólica de negros nos postos de importância.

Em visita a São Paulo em 2003, James Meredith, um dos principais ativistas americanos da luta pelos direitos civis nos anos 60, comparou a situação dos negros no Brasil à de seu país no século 19, em que questões como a educação para a população de descendência africana foram debatidas 150 anos atrás. Para alguns observadores estrangeiros, o limitado interesse na independência brasileira é fácil de explicar. No contexto da América Latina, parece um episódio insignificante, diz Hendrik Kraay, professor de história na Universidade de Calgary, no Canadá. Ele lembra o comentário de outro historiador, Steven Topik, da Universidade da Califórnia, em Irvine: "O Brasil fez um movimento de independência, mas a ele não compareceu ninguém".

Para o francês Pierre Chaunu, "houve mais uma ilusão de independência que independência de fato. Deter-se em 1822 ou 1824, datas fatídicas, seria tomar o acessório pelo essencial. A América em 1850 é tão colônia quanto em 1750. A Independência não é o fim, mas a modificação das dependências".

O 7 de setembro só foi sacramentado de forma heroica depois do livro de José da Silva Lisboa, o Visconde de Cairu, monarquista convicto, *História dos principais sucessos políticos do Império do Brasil*, escrito entre 1827 e 1830. Segundo muitos historiadores, em 1808 o Brasil já era independente de Portugal. "A ocupação de Portugal pelos franceses e a transferência da corte promoveram automaticamente a colônia à categoria de metrópole", como diz Pierre Chaunu. Em 1820, iniciava-se um período turbulento não só para o Brasil, mas em todo o mundo. Outro historiador francês, Frédéric Mauro, acrescenta: "A ruptura definitiva do laço entre o reino de Portugal e o reino do Brasil foi preparada pela Revolução Portuguesa de 1820".

À parte de efemérides e datas, o golpe militar de 12 de novembro de 1823, o primeiro da nossa história, merece ser nomeado e estudado, como outros golpes que mudaram os rumos do país. Quando se festeja o 7 de setembro como data da fundação da pátria, abafa-se o que aconteceu logo em seguida. Como diz a historiadora Maria Cecília de Salles, da USP, "a data de 7 de setembro de 1822, configurando-se simultaneamente a sinonímia entre esses dois termos (independência e separação de Portugal) e o conjunto de representações, acabou por aprisionar a reflexão sobre o passado e sobre o tema".

Um dos impulsionadores da iniciativa deste livro foi uma declaração sintética e ao mesmo tempo sábia do historiador Evaldo Cabral de Mello numa entrevista à *Folha de S.Paulo*. "A Independência foi uma manobra contrarrevolucionária encabeçada por Pedro I, cuja intenção era imunizar o Brasil do contágio da onda liberal que estava tomando conta de Portugal" (com a revolta constitucionalista do Porto, em 1820). Em todo o mundo, a briga era entre conservadores, absolutistas ou não, e progressistas, republicanos, liberais e constitucionalistas. Aqui não podia ser diferente. Em 1822, a briga não era entre Brasil e Portugal, mas entre conservadores absolutistas e progressistas dos diversos gêneros.

Para o pernambucano, integrante da Academia Brasileira de Letras, a historiografia brasileira padece de "Riocentrismo", uma análise de um ponto de vista que sempre beneficia o Rio de Janeiro. Para um cearense de Quixadá, por exemplo, desviar o dinheiro da construção de uma represa para o Baile da Ilha Fiscal, em 1889, não foi nada vantajoso.

Mais do que "Riocentrismo", a história oficial padece de saudosismo imperial. Afinal, o Instituto Histórico e Geográfico, que patrocinou estudos de história brasileira durante décadas, foi fundado e modelado pelo segundo Pedro. Abandonado pelo pai com menos de 5 anos, ele tinha bons motivos para realçar a figura paterna que não conheceu. Não poupou recursos quando encomendou o grandioso quadro de Pedro Américo, com sete metros e meio de largura por quatro de altura, com o primeiro Pedro sobre um cavalo branco. O quadro foi entregue em 1888, já nos estertores da monarquia.

A versão adocicada da transição brasileira, do rompimento com Portugal, foi comprada e repetida por muitos ilustres historiadores. Apresentou-se uma versão limpinha e enfeitada de medalhas e plumas da história do Brasil.

Não houve guerra civil nas dimensões das que ocorreram nos países vizinhos. O que aconteceu aqui foram massacres impiedosos de rebeliões. As forças governamentais, sempre tão superiores, calaram os antimonarquistas. Primeiro nos ensaios republicanos no fim dos anos 1700, em Minas, Bahia e Pernambuco. Nos 1800, houve repressão sangrenta na Bahia, no Pará, em Pernambuco, no Ceará e, depois, no Rio Grande do Sul.

Como resultado, os princípios republicanos e constitucionais tardaram a chegar por aqui. O historiador Pierre Chaunu atribui a José Bonifácio a articulação que unificou São Paulo e Minas Gerais em torno do Rio de Janeiro, para submeter, pela força das armas, com a ajuda de mercenários ingleses, como Cochrane e Grenfell, o restante do país.

Aluno de doutorado de Frédéric Mauro, na Universidade de Sorbonne de Paris, e mais tarde professor catedrático na mesma instituição, Luiz Felipe de Alencastro tem uma explicação adicional e essencial. Todas as regiões do Brasil estavam ligadas ao fornecimento regular de africanos escravizados vindos do Rio de Janeiro. Era um forte vínculo econômico que unia os proprietários do país negreiro. "A hegemonia econômica e política do Rio foi fundamental para a afirmação da soberania do governo central sobre o território da América Portuguesa e para a construção do Estado Nacional. Tal hegemonia foi articulada pela classe dirigente luso-brasileira agregada à Coroa e financiada pela expansão cafeeira do Centro-Sul. Tudo isso só foi possível por causa do extraordinário crescimento do tráfico negreiro, por causa da pilhagem das populações subsaarianas", acrescenta Alencastro.

A monarquia foi descartada quando não servia para a elite econômica e havia outras formas de exploração além da escravidão. Além de tudo, o preço dos escravizados e o risco de trazê-los da África aumentaram muito. Entre 1820 e 1860, o preço cresceu substancialmente. Melhor então, avaliaram os escravistas, uma forma de República que preservasse os privilégios dos latifundiários e se valesse de práticas opressivas dos trabalhadores, ainda presentes nos dias de hoje.

A chaga ou cancro, como foi caracterizada a escravidão, permanece dolorosamente viva no Brasil e no mundo. Na entrega do Prêmio Camões de Literatura ao compositor e escritor Chico Buarque, em 2023, o presidente de Portugal, Marcelo Rebelo de Sousa, desculpou-se pelo passado tenebroso e pediu que seu país assumisse a responsabilidade por seu papel no comércio transatlântico de escravizados.

Não é por falta de autores que trataram da irrelevância do 7 de setembro para o desenvolvimento da história do Brasil que ainda não se modificou o viés da mistificação da data e de seu suposto herói. As obras publicadas no bicentenário, em 2022, são praticamente unânimes em afirmar que deve se considerar um período mais longo para se entender aquele momento de formação na história do país. Falta apenas comunicar aos divulgadores da propaganda oficial e aos educadores para incorporarem uma visão mais abrangente sobre a formação do nosso país.

O Barão Homem de Mello, na primeira linha de seu livro, *A Constituinte perante a história*, reeditado nos primeiros anos da redemocratização do país, para abrir a coleção *Memória brasileira*, do Senado, escreveu: "O ano de 1823 é o período mais importante da nossa história institucional".

O MUNDO ERA MAIS CRUEL ANTES DAS CONSTITUIÇÕES

Constituição e Constituinte eram coisas modernas no tempo do primeiro Pedro, palavras cunhadas na Revolução Francesa, nos anos 1789 a 1792, e inspiradas por ideias iluministas que se espalharam pela América Latina. A partir das Constituições foram adotados os princípios dos direitos universais do homem, direito à vida, direito à justiça, igualdade diante da lei, liberdade de expressão e de ir e vir. Os mesmos que inspiraram a Constituição americana, o movimento de independência no Haiti e, finalmente, a Carta da ONU depois dos horrores da Segunda Guerra Mundial.

No Brasil, por termos vivido sob tantas leis magnas, os termos Constituição e Constituinte estão mais ligados à política do que a interesses populares. Constituição e Constitucionalismo representam o marco histórico que separa o mundo moderno do antigo. Antes, a aristocracia podia mandar e desmandar sem freio. A Declaração dos Direitos Humanos de 1789, que teve grande influência nas mudanças constitucionais da Europa no século 19, preceituava no artigo 16: "Toda sociedade em que não for assegurada a garantia dos direitos e determinada a separação dos poderes não tem Constituição".

No clássico *Constitutional government and democracy*, Carl Friedrich define: "O absolutismo, em qualquer das suas formas, prevê a concentração do exercício do poder; o Constitucionalismo, pelo contrário, prevê que esse exercício seja partilhado". Diz ainda: "Com a divisão do poder, o Constitucionalismo garante um sistema eficaz de freios à ação do Governo". A Constituição é, portanto, uma das pedras fundamentais da construção de uma nação, tenha ou não esse nome, como a Bill of Rights inglesa, que estabelece as normas de funcionamento do país. No Reino Unido, foi necessária uma revolução sangrenta para que reis e nobres aceitassem se submeter a uma regra estabelecida pelo Parlamento a qual todos, sem exceção, deveriam obedecer.

Foi esta também a inspiração da Revolução Francesa. Um dos seus bordões, *Egalité*, significa basicamente igualdade diante das leis, algo que não havia no absolutismo. Os reis, como representantes de Deus na Terra e consagrados pelos Papas, não respondiam diante das leis dos mortais, tampouco os nobres, que eram senhores e juízes de seus servos. Um nobre dono de terras podia mandar para a forca uma empregada porque um de seus talheres de prata havia sumido. A serva esperaria nas masmorras um perdão que só o rei poderia conceder nos fins de ano.

As constituições vieram também a disciplinar os gastos do Estado. No absolutismo, o rei não prestava contas. O Constitucionalismo e as repúblicas têm como responsabilidade aprovar e fiscalizar o orçamento do país, determinar prioridade de gastos e punir desvios. Além disso, nas monarquias constitucionalistas, o responsável pelo Executivo é o primeiro-ministro, cabendo ao parlamento nomeá-lo. Aos monarcas, delega-se apenas as funções de representação do Estado. Ele se pronuncia quando é chamado e dentro de regras pré-estabelecidas. Daí o dito: o rei reina, mas não governa.

Três dos chamados Founding Fathers americanos, ou pais fundadores, Benjamin Franklin, Thomas Jefferson e John Adams, viveram na França em momentos diferentes, eram estudiosos das ideias republicanas, das transformações ocorridas e levaram para a Constituição dos Estados Unidos princípios da Revolução Francesa. Eles se inspiraram nas ideias iluministas, para escrever na declaração de independência da monarquia britânica: "Consideramos essas verdades evidentes, que os homens são criados iguais e eles são dotados pelo Criador por certos direitos inalienáveis, entre eles a vida, a liberdade e a busca pela felicidade". Os princípios da Constituição americana, que consideravam todos iguais perante o criador, serviram como combustível para o movimento abolicionista nos Estados Unidos.

Por mais imperfeitas que tenham se desenvolvido as repúblicas, não há comparação entre um governo sob o mando de uma pessoa ou uma família, como nas monarquias absolutistas, com o de várias pessoas e representantes da população, escolhidos por eleições.

Como ainda se discute muito no Brasil o que é golpe e o que é revolução, adoto aqui a definição de golpe do Dicionário Político de Norberto Bobbio: "O termo foi-se precisando paulatinamente, sobretudo com o advento do Constitucionalismo: durante a vigência deste, faz-se referência às mudanças no governo feitas na base da violação da Constituição legal do Estado, normalmente de forma violenta, por parte dos próprios detentores do poder político".

FATO OU FAKE DO 1822

FAKE

• **PEDRO HERÓI**
Considera-se como herói alguém que se sacrifica em benefício de outra pessoa ou de uma comunidade. Um bombeiro que entra numa casa em chamas para salvar um bebê, o D. Quixote que defende sua amada das garras dos bandidos ou aquele que dá a vida por seu país. Não se conhece qualquer ato de bravura, no Brasil, que o qualifique a tal título.

• **MARGENS PLÁCIDAS**
Canta-se o hino nacional desde a escola primária, mas nunca ninguém viu as tais margens plácidas do Rio Ipiranga; uma demonstração clara de que o mito prescinde de comprovação na realidade. Elas não existiram. O Piranga, ou Ipiranga, nunca passou de um pequeno riacho com corredeiras.

• **QUADRO DE PEDRO AMÉRICO**
A cena de Pedro, montado num cavalo branco, acima de um monte, com a espada erguida, não existiu. O quadro foi pintado em Paris, em 1888, por encomenda do segundo Pedro, como homenagem ao pai, que não conheceu. O pintor não esconde que se inspirou na tela do francês Jean-Louis Ernest Meissonier, que retratou Napoleão em 1807. É quase uma cópia, com Pedro no lugar do general francês. O quadro está exposto no Museu do Ipiranga, em São Paulo.

• INDEPENDÊNCIA OU MORTE

Um grito que nunca aconteceu. Pedro estava com um desarranjo intestinal, como testemunharam os presentes naquele momento. A frase é inspirada e adaptada no Grito de Dolores, no México. Em 15 de setembro de 1810, o padre Miguel Hidalgo deflagrou o movimento que daria a independência ao país. Há várias versões sobre o que disse em suas convocações à luta. Uma delas seria: "Independencia y muerte al mau gobierno!". Outra: "Viva a América y muerte al mau Gobierno". No Brasil, o fim da frase foi convenientemente apagado.

• INDEPENDÊNCIA OU MORTE 2

Pedro não derramou uma só gota de sangue em defesa do país onde viveu entre 1808 e 1831 e que dizia amar. Mortes houve, e muitas, dos que contestaram a monarquia centralizada no Rio.

• PEDRO LIBERAL

Pinta-se na história contada nas escolas a imagem de um Pedro liberal. Não é o que os contemporâneos falam do monarca. Sempre foi autoritário e se sustentou do escravismo, além de adorar os ornamentos nobiliárquicos. Logo depois da Independência, ele criou a Ordem do Cruzeiro, para recompensar os que o apoiavam. Foi considerado liberal pelos portugueses porque fez uma aliança de ocasião com os liberais lusos, ingleses e franceses, contra o irmão Miguel – mais absolutista do que ele – para defender a Coroa portuguesa para sua filha Maria da Glória.

- **BRASIL PACÍFICO**

O Rio de Janeiro, capital da Coroa, depois da declaração da Independência, precisou enviar tropas de mercenários para dominar as demais regiões do país. Na Bahia, em Recife e em Belém eclodiram rebeliões sufocadas com crueldade. O jornalista Leonencio Nossa descreve no seu livro *As guerras da independência do Brasil* duas dezenas de revoltas sangrentas contra a monarquia em todo país, desde o curioso caso de João Bunda (João Ferreira Couto, que liderou um grupo favorável à Independência em maio de 1823, no atual município de Nina Rodrigues, a 185 quilômetros ao sul de São Luís, no Maranhão) até o de Garibaldi, no Rio Grande do Sul.

- **HINO NACIONAL**

Como publicidade, a música do hino brasileiro é uma peça eficiente, mas é plágio em alguns trechos. Com melodia composta em 1831, para comemorar a saída de Pedro do Brasil, Francisco Manuel da Silva, um músico sem outras obras clássicas, reproduziu acordes inteiros da ópera de Franz Liszt *Don Sanche*, apresentada em 1825. Quem ouvir o original vai poder cantar passagens como "brilhou no céu da pátria nesse instante", "se o penhor dessa igualdade" ou "o lábaro que ostentas estrelado".

- **RAIOS FÚLGIDOS**

"O sol da liberdade em raios fúlgidos brilhou no céu da pátria nesse instante". O verso dá a impressão de que houve um raio do tipo dos heróis da Marvel, que resolveu os problemas do país. Na verdade, o hino teve várias letras diferentes para a mesma música, acrescentadas em períodos distintos. A última, em 1922, oficializada na comemoração do primeiro centenário da dita Independência. A primeira letra, de 1831, caprichava na repulsa aos portugueses: "Arranquem aos nossos filhos, nomes e ideias dos lusos, monstros que sempre em traições, nos envolveram confusos". Em vez dos dois primeiros versos do conhecido "Ouviram do Ipiranga", cantava-se em salas fechadas, sem participação do público, como atualmente, esticando as sílabas: "Os bron-on-zes da ti-i-ra-a-nia/ Já no Brasil-il na-a-ão ro-ou-que-jam". É o que mostra o estudo *Que história é esta?*, do professor de história e música Avelino Romero Simões Pereira.

- **7 DE SETEMBRO**

A data passou a ser inflada depois do reinado de Pedro II, como homenagem ao pai. Foi exaltada pelos militares na ditadura. Outras datas importantes para a história do país não merecem tantas lembranças. São os casos de 9 de janeiro de 1822, o Dia do Fico; 12 de outubro de 1822, a coroação; e 7 de abril de 1831, a expulsão de Pedro.

DUVIDOSO

• **INDEPENDÊNCIA**
Muitos autores questionam se de fato houve um adeus a Portugal, em 1822. Teria sido uma independência incompleta, que só se consolidaria com a saída de Pedro, em 1831. Para outros, era Portugal que dependia do Brasil desde 1808. Alguns argumentam que a dependência só mudou de Portugal para a Inglaterra.

• **IMPORTÂNCIA DA INDEPENDÊNCIA**
Durante os governos militares do Brasil, entre 1964 e 1985, festejar a independência passou a ser uma questão de honra. No entanto, há países que passam muito bem sem comemorar a Independência, como é o caso da Austrália e da Nova Zelândia.

• **BIRUTA DE AEROPORTO**
Pedro jurou a Constituição liberal portuguesa, junto com o pai, depois a renegou e jurou que ia defender o Brasil perpetuamente. Porém, mudou de ideia e foi defender Portugal. Lá, é considerado herói por ter derrotado o irmão Miguel.

• **LEGADO DE PEDRO**
Qual a obra deixada pelo primeiro Pedro para o Brasil? Sem resposta. Nem mesmo a Outorgada, assinada por ele, pode ser considerado um legado seu. É uma cópia piorada do que já estava escrito pelos constituintes.

- **IMPERADOR**
Um título para lá de grandiloquente. Foi usado em Roma, sede de um império que dominava outras nações. O reinado de Pedro nunca foi além das atuais fronteiras do país.

- **LÍDER DOS BRASILEIROS CONTRA OS PORTUGUESES**
Sem a cobertura de José Bonifácio e da princesa Leopoldina, teria o jovem Pedro, com seus incompletos 24 anos, capacidade de liderar o conjunto de brasileiros e portugueses que moravam no Brasil na separação de Portugal? Logo ele que, três anos depois da tonitruante proclamação, voltava mais uma vez atrás e aceitava o título de herdeiro do trono português, para o qual lutaria depois de deixar o Brasil?

- **12 DE OUTUBRO, FERIADO NACIONAL**
Curiosamente, o Dia da Padroeira do Brasil é comemorado na mesma data do nascimento do primeiro Pedro, que, apesar dos hábitos devassos, era também o chefe da Igreja, como ainda acontece na monarquia inglesa, por exemplo. Costumava-se comemorar com pompa a mesma data durante o Império. O feriado foi oficializado pelo governo do ditador João Batista Figueiredo em 1980, mas em homenagem à visita ao Brasil do papa João Paulo II, e não por causa de Pedro.

- **13 DE MAIO**
As datas dos aniversários eram muito comemoradas nas monarquias. Por que a Lei da Abolição, batizada Áurea, foi assinada no dia 13 de maio? Por coincidência, é data de

nascimento de João, um notório apoiador do escravismo, pai e avô dos dois Pedros reis do Brasil. Em 1815, João determinou que se pagassem em Londres indenizações aos donos dos navios negreiros portugueses apresados pelos britânicos. "Escandalosa e injusta agressão ao comércio português, sob o pretexto de fins filantrópicos", narra o padre Perereca, Luís Gonçalves dos Santos, em seu diário da monarquia.

• **MORTE DA IMPERATRIZ LEOPOLDINA**
Grávida, com o marido ausente, teve um aborto e morreu em 11 de dezembro de 1826, com menos de 30 anos, muito distante de seu país de origem, a Áustria. Poucos dias depois, seu filho, o segundo Pedro, completaria 1 ano. Na época, levantou-se a hipótese de que ela teria sido espancada pelo marido. Embora seja difícil a comprovação, Leopoldina era maltratada em público por Pedro. Sua morte foi mais um acelerador para a impopularidade do rei.

• **PATRIARCA OU MÁRTIR?**
O título dado postumamente a José Bonifácio de Andrada e Silva não corresponde aos atos do primeiro Pedro, que o condenou ao exílio, junto com os irmãos. Antes de deixar o país, em 1831, dizia que era "verdadeiro amigo".

FATO

• **AMANTES**
Pedro teve incontáveis amantes. Entre as que tiveram filhos dele, Domitila de Castro Canto e Melo (depois Marquesa de Santos), a irmã dela, Maria Benedita (depois Baronesa de Sorocaba), Noemi Valency, Clémence de Saisset, Ana Steinhaussen Leão, Adozinda Carneiro Leão, Gertrudes Meireles de Vasconcelos, Luísa Menezes e a freira Ana Augusta Peregrino Faleiro Toste. Aqui não estão contabilizadas as escravizadas ou pobres subordinadas, vítimas anônimas de predação sexual, que engravidaram ou não. Nas monarquias absolutistas que ainda existem, como a da Arábia Saudita, as mulheres são tratadas como posse e objetos de predação sexual.

• **ENDIVIDAMENTO DO BRASIL**
O reconhecimento do reinado do primeiro Pedro pela Inglaterra, em 1825, custou dois milhões de libras esterlinas, ou 80 toneladas de ouro, o que significaria a preços correntes cerca de 5,6 trilhões de reais. Foi o preço que os brasileiros pagaram para resolver a dívida de Portugal com a Inglaterra. Imaginem uma situação semelhante na Independência americana, se os Estados Unidos fossem obrigados a pagar dívidas inglesas. Algo impensável numa verdadeira independência. O Brasil ficou pagando a dívida portuguesa durante décadas.

LINHA DO TEMPO

1776
- Os Estados Unidos se tornam independentes da Inglaterra e adotam um governo republicano e federalista.

1789
- Queda da Bastilha, início da Revolução Francesa.

1791
- Rebelião dos escravizados negros no Haiti contra o domínio da França.

1798
- Nascimento de Pedro I, em 12 de outubro.

1799
- Napoleão dá seu *coup d'état* (golpe de estado): fecha o Diretório e se torna ditador.

1807
- Os exércitos de Napoleão Bonaparte invadem Espanha e Portugal.
- A corte portuguesa foge para o Brasil. O rei espanhol Fernando VII é preso na França por Napoleão.

1808
- A corte portuguesa desembarca no Rio de Janeiro. Colônias espanholas da América Latina deflagram rebeliões, conhecidas como Guerras de Independência, que vão durar até 1823.

1808 a 1820
• Portugal vive sob tutela dos ingleses.

1817
• Levante republicano em Pernambuco e revolta militar em Portugal contra a ocupação inglesa. Ambos são reprimidos pela monarquia com fuzilamento e enforcamento dos líderes.

1820
• Revolução Liberal em Portugal. Portugueses convocam Assembleias no Porto e em Lisboa para governar o país e redigir uma nova Constituição. Ficam conhecidas como cortes, por inspiração das cortes de Cádis da Espanha, onde se proclamou uma constituição liberal e antimonarquista em 1810.

1821
• Pedro se torna príncipe regente do Brasil com 23 anos incompletos. José Bonifácio, ministro poderoso. Militares portugueses obedientes às cortes acampam no Rio de Janeiro e exigem que João e Pedro voltem para Portugal e se submetam à Constituição. João e família partem em abril para Lisboa.

1825
• Nascimento de Pedro II, em 2 de dezembro.

ANOS DECISIVOS

1822

- **JANEIRO:** Dia do Fico. Pedro comunica que não obedecerá às ordens de Portugal. Articulações são feitas para manter a aliança de São Paulo e Minas Gerais com o Rio de Janeiro.

- **MARÇO A ABRIL:** Pedro vai a Minas conseguir apoio à Independência.

- **AGOSTO A SETEMBRO:** Pedro viaja a São Paulo para contornar resistências a seu governo. Conhece Domitila de Castro, futura amante. A princesa Leopoldina fica no Rio de Janeiro como regente, orientada por José Bonifácio, então ministro. Os dois enviam carta a Pedro, aconselhando-o a romper com Portugal. A carta alcança a comitiva do príncipe em 7 de setembro, na volta da viagem de Pedro a São Paulo, na localidade conhecida como Piranga ou Ipiranga.

- **OUTUBRO:** Pedro é coroado imperador aos 24 anos. Pernambuco, Bahia Pará e Maranhão se rebelam contra a centralização do poder no Rio de Janeiro.

1823

- **MAIO:** abertura da Constituinte.

- **JUNHO:** Pedro demite Bonifácio do ministério.

- **JULHO:** João domina a rebelião do filho Miguel, fecha as cortes e volta a ter poderes absolutos em Portugal.

- **SETEMBRO:** deputados constituintes entregam o projeto de Constituição ao imperador.

- **NOVEMBRO:** militares comandados por portugueses fecham a Constituinte com o aval de Pedro.

- **DEZEMBRO:** comissão nomeada por Pedro corta os artigos mais progressistas do texto aprovado pela Constituinte.

1824
- **MARÇO:** Pedro assina seu projeto de Constituição, mantendo-se acima das leis, e cria o Poder Moderador, com membros nomeados por ele, acima do Legislativo e Judiciário.

1825
- **ABRIL:** amante de Pedro, Domitila é nomeada dama camarista da esposa dele, Leopoldina.

- **AGOSTO:** Inglaterra e Portugal reconhecem a independência do Brasil, em troca do pagamento da dívida portuguesa com a Inglaterra. Pedro é mantido como herdeiro do trono de Portugal.

- **OUTUBRO:** Domitila se torna Viscondessa de Santos.

1826

- **MARÇO:** morre o rei João, e Pedro torna-se o primeiro na sucessão em Portugal. O irmão Miguel também quer o trono e vai lutar por ele. Pedro quer a filha, Maria da Glória, como rainha.

- **OUTUBRO:** Domitila recebe o título de Marquesa de Santos.

- **DEZEMBRO:** morre Leopoldina, a um mês de completar 29 anos.

1827

- Tropas brasileiras perdem importantes batalhas na Guerra da Cisplatina. O Brasil começa a imprimir papel-moeda para suprir os prejuízos com a guerra. Inflação gera revolta na população. Aumentam as críticas contra Pedro e o chamado "gabinete secreto", formado por um círculo de amigos portugueses.

1828

- Fim da Guerra da Cisplatina. Uruguai torna-se independente do Brasil e da Argentina. Revolta no Rio de Janeiro dos mercenários alemães contratados para lutar na Guerra Cisplatina no Sul do país.

1829

- Aos 30 anos, Pedro se casa com Amélia, de 17 anos.

Recorde de importação de africanos: cerca de 80 mil são desembarcados no Rio de Janeiro.

1830

• **JULHO:** cai o governo absolutista de Carlos X na França, deflagrando comemorações de liberais e constitucionalistas em todo o mundo.

• **NOVEMBRO:** em São Paulo, as manifestações contra o imperador são reprimidas. É assassinado um dos líderes, Líbero Badaró, com 32 anos, professor de italiano e jornalista, defensor de ideias antimonarquistas e contra a corrupção. Pedro é recebido friamente em visita a Minas Gerais.

1831

• Protestos de populares contra a monarquia. Retirada de Pedro, aos 32 anos, para Portugal e abdicação em nome do filho de 5 anos, como seu sucessor.

• José Bonifácio de Andrada é chamado de volta ao Brasil para ser tutor do segundo Pedro.

OBRAS CITADAS

ABREU, Mauricio de A. *Evolução urbana do Rio de Janeiro*. Rio de Janeiro: Iplan Rio e Jorge Zahar, 1987.

ABREU, Sergio. *La vieja trenza: la alianza porteño-lusitana en la Cuenca del Plata* (1800-1875). Montevideo: Planeta, 2013.

ABREU, Marcelo de Paiva; LAGO, Luiz Aranha Correa do; VILLELA, André Arruda. *A passos lentos: uma história econômica do Brasil Império*. São Paulo: Editora Almedina Brasil, 2022.

ALBUQUERQUE, Manoel Maurício de. *Pequena história da formação social brasileira*. Rio de Janeiro: Edições Graal, 1981.

ALBUQUERQUE, Wlamyra R. de; FRAGA FILHO, Walter. *Uma história do negro no Brasil*. Salvador: Centro de Estudos Afro-Orientais; Brasília: Fundação Cultural Palmares, PDF, 2006.

ALENCASTRO, Luiz Felipe de. *O trato dos viventes: formação do Brasil no Atlântico Sul*. São Paulo: Companhia das Letras, 2000.

_____ org. *História da vida privada no Brasil: Império: a corte e a modernidade nacional*, vol. 2. São Paulo: Companhia das Letras, 1997.

_____ *Le versant brésilien de l'Atlantique-Sud: 1550-1850*. Editions de l'EHESS, Annales. Edição Digital: 2006.

ARMITAGE, João. *História do Brasil*. Belo Horizonte: Editora Itatiaia, 1981.

AVÉ-LLALEMANT, Robert. *Viagem pelo Norte do Brasil*. Rio de Janeiro: MEC, 1961.

BARMAN, Roderick J. *Brazil: the forging of a nation*. Stanford: Stanford University Press, 1988.

BERBEL, Márcia; MARQUESE, Rafael; PARRON, Tâmis. *Escravidão e política, Brasil e Cuba 1790-1850*. São Paulo: Editora Hucitec, Fapesp, 2010.

BETHELL, Leslie, org. *História da América Latina – Vol. III*. São Paulo: Edusp, 2018.

_____ *A abolição do tráfico de escravos no Brasil (1807-1869)*. Brasília: Senado Federal, 2002.

BOBBIO, Norberto. *Dicionário político (Digital)*. Brasília: Edição UnB, 1998.

BOXER, Charles. *O império colonial português (1415-1825)*. Lisboa: Edições 70, 1969.

_____*The golden age of Brazil*. Berkeley e Los Angeles: Univ. California Press, 1969.

BUNBURY, Charles James Fox. *Viagem de um naturalista inglês*. Belo Horizonte: Editora Itatiaia, 1991.

CALMON, Pedro. *História social do Brasil*. Rio de Janeiro: Cia Editora Nacional, 1937.

CARIELLO, Rafael; PEREIRA, Thales Zamberlan. *Adeus, senhor Portugal*. São Paulo: Companhia das Letras, 2022.

CARVALHO, José Murilo de. *A construção da ordem, teatro de sombras*. Rio de Janeiro: Civilização Brasileira, 2003.

CHAUNU, Pierre. *A América e as Américas*. Rio de Janeiro: Edições Cosmos, 1969.

COSTA, Emília Viotti da. *Da Monarquia à República*. São Paulo: Editora Unesp, 1999.

COSTA, João Severiano Maciel da. *Memória sobre a necessidade de abolir a introdução dos escravos africanos no Brasil*. Coimbra: Imprensa da Universidade, 1821.

CUNHA, Rui Vieira da. *Figuras e fatos da nobreza brasileira*. Rio de Janeiro: Arquivo Nacional, 1975.

DIAS, Maria Odila Leite da Silva. *A interiorização da metrópole e outros estudos.* São Paulo: Alameda, 2009.

DONGHI, Halperin. *História da América Latina.* São Paulo: Paz e Terra, 1975.

DOUGLASS, Frederick. *Narrativa da vida de Frederick Douglass, um escravo americano: escrita por ele mesmo.* São Paulo: Aetia Editorial, 2018.

EVANS, Richard J. *The pursuit of power: Europe 1815-1914.* Londres: Penguin Books, 2016.

FAORO, Raymundo. *Os donos do poder: formação do patronato político brasileiro.* Rio de Janeiro: Editora Globo, 1979.

FERREIRA, Ligia, org. *Lições de resistência: artigos de Luiz Gama na imprensa de São Paulo e do Rio de Janeiro.* São Paulo: Edições Sesc, 2020.

FERREIRA, Roquinaldo. *Cross-Cultural Exchange in the Atlantic World.* New York: Cambridge University Press, 2012.

FLORENTINO, Manolo. *Em costas negras.* São Paulo: Companhia das Letras, 1997.

FOGEL, Robert; ENGERMAN, Stanley, org. *The reinterpretation of american economic history.* New York: Harper & Row Publishers, 1971.

FRAGOSO, João; FLORENTINO, Manolo. *O arcaísmo como projeto.* Rio de Janeiro: Civilização Brasileira, 2001.

FRASER, Ronald. *Las dos guerras de España.* Barcelona: Crítica, 2012.

FREIRE, Felisbelo. *História constitucional da República dos Estados Unidos do Brasil.* Brasília: Editora UnB, 1983.

GOMES, Laurentino. *1822: como um homem sábio, uma princesa triste e um escocês louco por dinheiro ajudaram dom Pedro a criar o Brasil – Um país que tinha tudo para dar errado.* Rio de Janeiro: Editora Nova Fronteira, 2010

GONÇALVES, Guilherme Leite; COSTA, Sérgio. *Um porto no capitalismo global*. São Paulo: Editora Boitempo, 2020.

GUIZELIN, Gilberto da Silva. *Dois cônsules de sua majestade imperial em Luanda (1822-1861)*. São Paulo: Edusp, 2022.

HARBER, Stephen, org. *How Latin America fell behind*. Stanford: Stanford University Press, 1997.

HENRIQUES, Joana Gorjão. *Racismo em português: o lado esquecido do colonialismo*. Lisboa: Editora Tinta da China, 2016.

HOBSBAWN, Eric. *The age of revolution*. New York: First Vintage, 1996.

_____ *Era dos extremos: o breve século XX*. São Paulo: Companhia das Letras, 1994.

HOLANDA, Sérgio Buarque de. *Capítulos de história do império*. São Paulo: Companhia das Letras, 2010.

HUGH, Thomas. *The slave trade*. Simon&Schuster. Ebook, 1997.

JAGUARIBE, Domingos J. N. *Os herdeiros de Caramuru*. São Paulo: Tipografia de Jorge Seckler, Rua Direita nº 15, 1880.

JANCSÓ, István, org. *Independência: história e historiografia*. São Paulo: Hucitec, 2005.

KARASCH, Mary C. *A vida dos escravos no Rio de Janeiro: 1808-1850*. São Paulo: Companhia da Letras, 2000.

KANN, Bettina; LIMA, Patrícia Souza. *D. Leopoldina: cartas de uma imperatriz*. São Paulo: Estação Liberdade, 2006.

KLEIN, Herbert. *A economia brasileira no século 19, artigo do livro Independência do Brasil: a história que não terminou*. São Paulo: Editora Boitempo, 2022.

KRAUSE, Thiago; SOARES, Rodrigo Goyena. *Império em disputa: coroa, oligarquia e povo na formação do Estado brasileiro (1823-1870)*. Rio de Janeiro: FGV Editora, 2022

LEITE, Renato Lopes. *Republicanos e libertários*. Rio de Janeiro: Civilização Brasileira, 2000.

LIMA JR, Augusto de. *Cartas de D. Pedro I a D. João VI relativas à independência do Brasil*. Rio de Janeiro: Jornal do Comércio, 1941.

LUSTOSA, Isabel. *D. Pedro I: perfis brasileiros*. São Paulo: Companhia das Letras, 2006.

MACAULAY, Neill. *Dom Pedro I*. Rio de Janeiro: Editora Record, 1993.

MADDISON, Angus. *The world economic: historical statistics.* Organization for Economic Co-operation and Development, 2003.

MALERBA, Jurandir. *O Brasil Imperial (1808-1889)*. Maringá: Editora da Universidade Estadual de Maringá,1999.

_____ *A corte no exílio: civilização e poder no Brasil às vésperas da Indpendência*. São Paulo: Companhia das Letras, 2006.

MARROCOS, Luiz Joaquim dos Santos. *Cartas*. Rio de Janeiro: Biblioteca Nacional, 1939.

MARSON, Izabel Andrade; OLIVEIRA, Cecília Helena de Salles. *Monarquia, liberalismo e negócios no Brasil:1780-1860.* São Paulo: Edusp, 2013.

MATTOS, Ilmar Rohloff de. *O tempo Saquarema*. São Paulo: Editora Hucitec, 2017.

MELLO, Francisco Ignacio Marcondes Homen de. *A Constituinte perante a história*. Edição facsimilar. Brasília: Senado Federal, 1996.

MONTEIRO, Tobias. *O primeiro reinado*. São Paulo: Editora Itatiaia, 1982.

NETO, Helio Franchini. *Independência e morte: política e guerra na emancipação do Brasil / 1821-1823*. Rio de Janeiro: Topbooks, 2019.

NICOULIN, Martin. *A gênese de Nova Friburgo*. Rio de Janeiro: Fundação Biblioteca Nacional, 1996.

OLIVEIRA, Cecilia Helena de Salles. *Ideias em confronto.* São Paulo: Todavia, 2022.

_____ *A astúcia liberal: relações de mercado e projetos políticos no Rio de Janeiro, 1820-1824.* Bragança Paulista: Ícone Editora, 1999.

OLIVEIRA, Marina Garcia de. *Entre nobres lusitanos e titulados brasileiros.* São Paulo: Dissertação USP, PDF, 2013.

PANTOJA, Selma. *O litoral angolano até as vésperas da independência do Brasil.* Textos de história, vol 11, nº I e II. Ed Digital, 2003.

PIMENTA, João Paulo. *Tempos e espaços das independências.* São Paulo: Editora Intermeios, 2017.

_____ *Estado e nação no fim dos impérios ibéricos no Prata (1808-1828).* São Paulo: Editora Hucitec, 2006.

REZZUTTI, Pedro. *Titília e o Demonão: a história não contada.* São Paulo: Geração Editorial, 2011

_____ *D. Pedro: a história não contada.* São Paulo: Leya, 2022.

RODRIGUES, José Honório. *A Assembleia Constituinte de 1823.* Petrópolis: Editora Vozes, 1974.

_____ *O Conselho de Estado: o quinto poder.* Brasília: Senado Federal, 1978.

_____ *Brasil e África, outro horizonte.* Rio de Janeiro: Civilização Brasileira, 1964.

RODRIGUES, Jaime. *De costa a costa: escravos, marinheiros e intermediários do tráfico negreiro de Angola ao Rio de Janeiro (1780-1860).* São Paulo: Companhia das Letras, 2022.

RODRIGUES, Celso. *Assembleia Constituinte de 1823: ideias políticas na fundação do império brasileiro.* Curitiba: Juruá Editora, 2008.

SAINT-ADOLPHE, J.C.R. Milliet. *Dicionário geográfico, histórico e descritivo do Império do Brasil.* Brasília: Ipea, 2014.

SCHÄFFER, Ritter von. *Brasilien als Unabhängiges Reich.* Biblioteca Digital Brasiliana Mindlin, São Paulo, 1824.

SCHULZ, John. *A crise financeira da abolição*. São Paulo: Edusp, 2013.

SCHWARCZ, Lilia Moritz; GOMES, Flávio, org. *Dicionário da escravidão e liberdade*. São Paulo: Companhia das Letras, 2018.

SEIDLER, Carl. *Dez anos no Brasil*. São Paulo: Livraria Martins, 1825.

SILVA, Maria Beatriz Nizza da. *Ser nobre na colônia*. São Paulo: Editora Unesp, 2005.

SLEMIAN, Andréa. *Vida política em tempo de crise: Rio de Janeiro (1808-1824)*. São Paulo: Hucitec, 2006.

SLEMIAN, Andréa; PIMENTA, João Paulo. *O "nascimento político" do Brasil: as origens do Estado e da nação (1808-1825)*. Rio de Janeiro: DP&A Editora, 2003.

SOBRINHO, Barbosa Lima et. al. *A Constituinte de 1823*. Brasília: Senado Federal, 1973.

SOUZA, Octavio Tarquinio. *História dos fundadores do Império do Brasil*. Rio de Janeiro: José Olympio Editora, 1957.

_____ *A vida de D Pedro I*. Rio de Janeiro: José Olympio Editora, 1972.

SPIX, Johann; MARTIUS, Carl. *Viagem pelo Brasil (1817-1820)*. Belo Horizonte: Editora Itatiaia, 1981.

STARLING, Heloisa Murgel. *Ser republicano no Brasil colônia*. São Paulo: Companhia das Letras, 2018.

TOLEDO, Roberto Pompeu de. *A capital da solidão: uma história de São Paulo das origens a 1900*. Rio de Janeiro: Objetiva, 2003.

TODD, Paul; CURTI, Merle. *Triumph of the American nation* Orlando: HBJ, 1986.

VASCONCELLOS, Drummond. *A caminho do desterro*. Rio de Janeiro: Anais da Biblioteca Nacional.

WERNECK, Francisco Peixoto de Lacerda (Barão de Pati do Alferes). *Memória sobre a fundação de uma fazenda na província do Rio de Janeiro*. Brasília: Senado Federal, 1985.

WILLIAMS, Eric. *Capitalismo e escravidão*. São Paulo: Companhia das Letras, 2012.
WOOD, Peter H. *1620: a critical response to the 1619 Project*. New York: Encounter Books, 2020.

OUTRAS FONTES CONSULTADAS

• Anais do IV Encontro Internacional de História Colonial, vol. 5, 2014. Texto "Comércio de carne humana", de Carlos Gabriel Guimarães.
• Apresentação de Isabel Lustosa ao Supremo Tribunal Federal. Texto "Imprensa, independência e júri: primeiros jornalistas no banco dos réus".
• Arquivo Nacional. Consulta aos documentos sobre a Charrua Lucônia, 1823.
• Banco de dados sobre o tráfico transatlântico de escravizados, do site SlaveVoyages (www.slavevoyages.org).
• Cartas de Mareschal a Metternich. Biblioteca Nacional.
• *Diário do Rio de Janeiro*, edições de janeiro de 1823. Hemeroteca Digital da Biblioteca Nacional.
• Entrevista de Evaldo Cabral de Mello na *Folha de S.Paulo*, 26 de novembro de 2007.
• Entrevista de Evaldo Cabral de Mello no *Valor Econômico*, 3 de julho de 2015.
• Entrevista de Susan Sontag ao documentário *Utopia e barbárie* (2009), de Silvio Tendler.

- Entrevistas do historiador Kenneth Maxwell ao autor por videoconferência, em 2018.
- *Revista de História da Biblioteca Nacional*, volume 2, 2007. Artigo "O imperador do café", de Aloysio Clemente Breves Beiler.
- *Revista do Instituto Histórico e Geográfico*, 1934. Artigo de Tavares de Lira.
- *Revista Inteligência*, julho de 2023. Texto de Isabel Lustosa.
- Semanário Mercantil, edição nº 25, 19 de novembro de 1823. Texto "Fechamento do porto". Biblioteca Nacional Digital.

AGRADECIMENTOS

Aos meus amigos, jornalistas Roldão Arruda, Eduardo Simões, Wellington Ramalhoso e Flamínio Fantini, pelas leituras e observações. Ao professor de história econômica da USP, Alexandre Macchione Saes, diretor da Biblioteca Brasiliana Guita e José Mindlinn, pela acolhida e interesse. Ao companheiro Herbert Pisano, pelos comentários. A Andrea Woffenbuttel, por muitas ajudas, e a Maria Victor von Wasielewski, pelas traduções do alemão. Luiz Felipe de Alencastro me ensinou muito e me cedeu alguns preciosos momentos de seu tempo. A leitura crítica final foi do professor Fábio Silvestre Cardoso. A eles, sou imensamente grato. De minha mulher, Rosane Rochlin, tive o apoio, a paciência e o incentivo de sempre. Eventuais defeitos, inexatidões e tropeços são responsabilidade exclusiva do autor.

E-mail do autor: rlessar@uol.com.br

Este livro utilizou as fontes Cambria e Chronical Display.
A terceira edição foi impressa na gráfica Rotaplan,
em setembro de 2024, quando a primeira Constituição
do Brasil completou 200 anos.